森 正人
Masato Mori
中川 正
Tadashi Nakagawa

Doing Cultural Geography

文化地理学ガイダンス

改訂版

あたりまえを読み解く三段活用

ナカニシヤ出版

はじめに

小学校から高校までで、地理を教わったことがある人は、地理に対して何らかのイメージがあるだろう。地理を地形や気候などの自然現象の学問だとか、地域の農産物や特産品を覚える暗記のための勉強だと思っている人もいるかもしれない。しかし、本書はそのようなイメージとはかなり異なった地理学入門書である。

まず、本書が扱う対象は、この世の中の多様な文化社会現象である。「文化地理学」とは聞きなれない言葉かもしれないが、あなたが目にするどのような現象でも研究対象としてしまう、不思議な学問なのである。周りを見回してみよう。何が目や耳に飛び込んでくるだろうか。テレビ、集合住宅、チェックのカーテン、スポーツカー、パソコン、携帯電話、歩行者、ヘアスタイル、ラップミュージック、エスプレッソコーヒー、花瓶、ペットの猫……これらはすべて文化地理学が扱うことのできる現象なのだ（そのわけは第1章を見てほしい）。

次に、本書は知識の蓄積を求めるのではなく、あなただけのオリジナルな学問を作り出す秘訣を教えるものである（そもそも大学とは、「問う」ことを「学ぶ」場である）。その秘訣は「三段活用」を利用することである。第1部では、課題を発見するための三段活用（第1章および第3～5章）と、浮かび上がった課題を深めるための三段活用（第2章）を紹介している（その内容は各章を見てほしい）。第2部では、その三段活用を、多様な文化社会現象を事例として、実践を繰り返している。この三段活用をマスターすることによって、あなたは漠然として持っていた関心を意識化し、その関心から問題を発見し、学問の考え方を用いてその問題を解決することができるようになるのである。

ただし、このような能力を身につけるためには、主体的に本書を利用しようとする態度が不可欠である。本書で述べられている視点や方法を、あなたの課題の追究に役立てられないかと考えてみよう。また、章末にある「考えてみよう」を手がかりとして、友人たちとディスカッションをしてみよう。そうするならば、本書を読み終えるころまでには、あなたが主人公となる学問の世界が広がっているだろう。

文化地理学へようこそ！

改訂版について

2006 年に『文化地理学ガイダンス』を出版し、約 15 年が経った。文化地理学の対象と手法を、発見と説明・解釈に分けて、分かりやすく示すだけでなく、個人でもグループでも考えることができるように、「考えてみよう」を設けた。当時、日本で刊行されていた地理学の教科書では新しい試みだった。

15 年の間、大学でも文化地理学でも大きな変化があった。大学での変化は、オンラインを積極的に用いた授業の導入であろう。とりわけ新型コロナウイルス感染拡大では、オンライン授業やオンデマンド授業が多くの大学で実施されたが、それ以前から、事前に教科書や資料をオンラインで配布し、その感想や要約をオンラインで提出してもらったり、授業後の振り返りを同じように行ったりする授業が取り入れられていた。

近年、オンラインに関連する設備や機器が多様化し便利になったため、授業内でオンラインを利用して調べたり、考えたりすることができるようになった。また、「今昔《こんじゃく》マップ」が 2013 年に始まり、自由に利用できるオープンストリートマップも 2012 年に公開されるなど、インターネット上の内容が充実したことも、様々なことを調べたり考えたりすることを容易にした。こうしたインターネットを用いた課題の提示と提出を容易にするインフラ環境が整ってきたのならば、授業後の調べ学習の例もあった方が良いと考え、「考えてみよう」のほかに、「調べてみよう」を設けた。かつては授業時間内に受講生がインターネットで調べて提出するなど考えにくかったものだが、授業の途中で息抜きや、視点を変えることも必要だと考える教員もいることだろうと思う。「考えてみよう」、「調べてみよう」をうまく使えることができればと思う。

説明・解釈には、それが実証主義的アプローチか、意味論的アプローチかを示すようにしている。これは、読者が、自分が何を今、学んでいるのか、考えているのかを理解できるように、と考えてのものである。

地理学においては、この15年間で新しい手法や視点が生まれ、調査対象も広がった。同時に、特に性差や性そのものについての理解も多様化した。そのため、とくに7章以降の構成に手を加え、トピックを入れ替えたり、記述内容を書き換えたり、コラムを増やしたりした。また、特別に現代的な事象を扱う一章を設けたりもした。

とはいえ、問題を発見し、説明・解釈し、応用するという、改訂前からの「文化地理学ガイダンス」の基本的なスタンスには手を入れていない。改訂によって、あなたの理解が深まり、興味が広がることを願っている。

目　次

はじめに　i
改訂版について　ii

第1部　文化地理学の考え方

第１章　文化地理学の視点 ―空間・環境・景観―　2
1. 空間への関心　3
2. 環境への関心　7
3. 景観への関心　9
4. 文化地理学へようこそ　11

第２章　文化地理学研究の手順 ―発見・説明・解釈・応用―　14
1. 研究の手順　14
2. 事例：霞ヶ浦湖岸移住門徒集落の研究　19

第３章　視点としての空間　30
1. 好き嫌いの地図化　30
2. 地図に工夫を加えてみよう　32
3.「関西」や「関東」を地図化してみよう　34

第４章　視点としての環境　40
1. 環境決定論的な視点　40
2. 環境可能論的な視点　41
3. 環境認識論的な視点　42
4. 環境改変という視点　44

第５章　視点としての景観　50
1. フィールドノートをつけよう　50
2. フィールドノートから文化地理研究へ　51
3. 地図から景観要素を抜き出してみよう　55

第2部　文化地理学の実践

第 6 章　言語の文化地理学　64

1. 言語と空間・環境・景観　64
2. 言語の文化地理学実践　67

第 7 章　自然と生業の文化地理学　80

1. 自然・生業と空間・環境・景観　80
2. 自然・生業の文化地理学的実践　84

第 8 章　宗教の文化地理学　92

1. 宗教と空間・環境・景観　92
2. 宗教の文化地理学的実践　96

第 9 章　民俗の文化地理学　104

1. 民俗と空間・環境・景観　104
2. 民俗の文化地理学的実践　107

第 10 章　政治の文化地理学　118

1. 政治と空間・環境・景観　118
2. 政治の文化地理学的実践　122

第 11 章　都市の文化地理学　134

1. 都市と空間・環境・景観　134
2. 都市の文化地理学的実践　139

第 12 章　観光の文化地理学　153

1. 観光と空間・環境・景観　153
2. 観光の文化地理学的実践　156

第 13 章　性の文化地理学　166

1. 性と空間・環境・景観　166
2. 性の文化地理学的実践　170

第 14 章　文化地理学の前線と現代の文化　180

1. スマート・フォンとデジタル文化　180

2. 私たちの意志や理性とは何か　182
3. 身体は誰のもの？　183
4. 移動について考える　186

第 15 章　文化地理学の応用　190

1. 表面的な応用からより深い応用へ　190
2. 多様な可能性を持つ応用を理解しよう　191
3. 自分の立場を自覚しよう　192
4. 主体的に選択しよう　193
5. 学問の３つの立場と結びつけて考えよう　195
6. 限りない探検への道　196

コラム

文化とは　12
KJ 法　28
等質地域、機能地域、認知地域　38
環境決定論　45
環境を改変する多様な観念　47
文化超有機体説と文化景観研究の課題　60
文化伝播　76
言語と記号　78
「自然とは何か？」を考える意味とは何か？　90
宗教と政治―沖縄の祭祀施設を読む―　102
創られた伝統とふるさとの太鼓　114
田舎と都会　115
権力 power とは　130
衛生の政治学と権力　132
ディズニーランド化する都市と公共性　149
植民地主義とオリエンタリズム　151
観光と多様なメディア　162
グローバライゼーションと場所　163
女性たちの場所　175
他者とは誰か　177
地理学は重要である　188

人名索引・事項索引　198
おわりに　200

第1部
文化地理学の考え方

第1章 文化地理学の視点

―空間・環境・景観―

地理学には「暗記ばかりでつまらないお勉強」というイメージがあるようだ。大学に入学したばかりの学生に意見を聞くと、「私は暗記が苦手です。」と毛嫌いされたり、「高校のとき地理を取らなかったのでついていけるでしょうか。」と不安がられたり、さらには「今の時代、自然環境だけで世の中の物事が決まるわけがないでしょう。」と一刀両断に斬られたり。

しかし、少し毎日を振り返ってみよう。朝起きると、テレビをつけて、気象情報に目をやる。それは気象学という自然地理学の一分野である。ニュースから流れてくる世界の領土紛争、環境問題、民族問題などは、政治地理学、環境地理学、民族地理学の対象である。車で出かけるときに目にするカーナビやスマート・フォンの行き方検索は、地理情報システム（GIS）であり、地図学の成果である。本屋に出かけたり、ウエブ上で、次の休暇に出かける旅先の情報を得ようしたりする。それも観光地理学の入口だ。まち作りにかかわる都市地理学、防災に積極的な提言を行う防災地理学、現在の世界情勢の見方を教える地理教育など、地理学が対象とする世界はあまりにも身近であるために、ほとんどの人に見過ごされてきているのである。

なぜ、世の中は地理学の対象とすることであふれているのだろうか。それは、地理学が「地表面」の学問だからだ。地球の表面にかかわることならば、海、山、平地、気象、植生、動物などの自然現象、そして人間にかかわる現象も、すべて地理学の対象となる。

文化地理学は、その中でも人間の活動や文化に関する現象を幅広く、また柔軟に扱うことができる領域だ。メディア、スポーツ、エンターテインメント、衣食住、観光、ジェンダーなど、地表面に展開する文化や人間活動にかかわることならば、文化地理学の研究対象となる。自分の関心をそのまま学問研究と結びつけたいと思うならば、文化地理学は格好の学問領域なのである。

1.空間への関心

世の中には、文化を扱う学問が多く存在するが、地理学者はどのように文化現象にアプローチするのだろうか。同じ現象を見ても、どの学問領域で訓練を受けたかによって、おのずと視点や強調点が異なってくる。地理学の特徴のひとつは、あらゆる現象の空間的な側面に焦点を当てることである。

空間は多様な範囲《スケール》を持つ。世界という範囲から、国家、都道府県や市町村、村といったもの、さらに私たちが懐かしさや居心地の良さ、反対に恐怖を感じる「場所」、そして私たちの家庭や身体という私的な範囲まで地理学は対象にする。しかもこうした多様な範囲は独立しているのではなく、互いに関係している。こうしたことを文化地理学は考えるのである。

たとえば、プロ野球という社会・文化現象はどのように分析することができるだろうか。歴史学者ならば、その時間的変化と、プロ野球を成り立たせる時代的背景に関心を持つだろう。社会学者ならば、プロ野球と社会との関係、社会階層、性差、年齢別にみたプロ野球ファンの分析などをするかもしれない。経済学者ならば、プロ野球を大きな経済の流れの中で位置づけ、プロ野球が経済活動として成り立つ条件や、空間に与える経済効果などに関心を持つだろう。政治学者は、プロ野球を動かす政治性や権力関係などを分析対象とするだろう。

これに対して、地理学者がまず目を向けるのは、プロ野球の空間的な側面である。日本のプロ野球とアメリカの大リーグでは、どこが違うのだろうか。ラテンアメリカ、台湾、韓国、中国など、地域によって、同じ野球でも違ってくるのはなぜなのだろうか。日本国内でも、プロ野球のフランチャイズは、どの都市に分布しているのだろうか。どの程度の人口規模の都市がフランチャイズになっているのか。選手の出身地はどこが多いのか。球団別に選手の出身地に特徴があるのか。それぞれのチームのファンはどこに多く分布しているのか。地理学の訓練を受けると、このような空間的な視点が研ぎ澄まされてくるのである。

そもそも、学問分野が存在するのには、理由がある。中学や高校の社会科には、地理、歴史、公民などといった科目があるが、そのような区分は、学者たちが、社会現象の多様な側面を扱うために、地理的（空間的）に扱ったり、歴史的（時間的）に扱ったり、系統的（政治、経済、社会など主題的）に扱ったりすることが便利だと考えたからである。受験をひかえた中学生や高校生たちは、それぞれの学問分野の成果を知識として覚えることに力を入れてきたかもしれない。しかし、それらの具体的知識を獲得する以前に、同じ文化・社会現象に、空間的な光を当てたり、時間的、系統的な角度から見たりする、自由に視点を転換できる能力を養うことが重要なのである。学問を学ぶことは、とりもなおさず新しい視点を身につけ、その視点をいつも適用する能力を身につけることなのだ。

空間的な視点は、だれでも持っているものでありながら、日常的にはなかなか適用し難いものである。たとえば、交通事故について考えてみよう。大学生に「何でもよいから交通事故のパターンをできるだけ多く発見してみよう」という課題を与え、ディスカッションをさせると、いろいろなものが出てくる。

・交通事故の件数
・交通事故が増えてきた年代
・交通事故が多い曜日
・交通事故が多い時間帯
・交通事故の多い年齢層
・交通事故の多い性別
・交通事故の原因別件数
・車種による死角の違い
・運転歴による事故率の差
・右から来る歩行者と左から来る歩行者でのドライバーの認識の差

次々と項目はあがってくる。これらの中で、「交通事故が増えてきた年代」「交通事故が多い曜日」「交通事故が多い時間帯」などは、時間的視点によるものであり、「交通事故の多い年齢」「交通事故の多い性別」などは社会学的な視点によるものだろう。しかし、このように列挙するときに、空間的な視点が出されることはまれで、意識しなければ、現象の空間的側面は、なかなか思いつかないものなのである。

空間的視点から交通事故を見ると、どのようなものが浮かび上がってくるだろうか。スケールを変えていくといくらでも疑問が出てくるはずだ。

- 世界において交通事故が多い空間／少ない空間
- 日本において交通事故が多い空間／少ない空間
- 自分の住んでいる都道府県において交通事故が多い空間／少ない空間
- 自分の住んでいる市町村において交通事故が多い空間／少ない空間
- 自分の近所において交通事故が多い場所／少ない場所

これらの疑問は、提示されると当たり前のことに思えるだろう。しかし、この空間的視点を絶えず意識することにより、他の人にはすぐには思いつかない分析視角が現われてくるのだ。地表面にある文化・社会現象は何でも地理学の対象になり得るが、自動的になるわけではない。読者が、この空間的な視点を何に対しても適用できれば、地理学の分析概念は、生きたものとして現われてくるだろう。

この空間的な視点を身につけるならば、どのような現象にも、空間性があることに気づくだろう。現在の伊勢市（当時の小俣町）から三重大学に通っている学生は、自宅に毎朝届けられる折り込み広告に何か法則はないかという問題意識を持ち、1997 年の 8 月から 9 月の 1 ヶ月にわたる折り込み広告を分析し、その結果、時間的パターンとしては、どの週でも金曜日と土曜日に折り込まれる広告が圧倒的に多いことを発見した。地理学的な視点を学んでいた彼女は、そこではとどまらずに、空間的なパターンをも発見し、地図化した。**図 1.1** は上位 5 市町村の位置とその内訳を示したものだが、地元に近いほど食品などが多く、遠くなるにつれてその割合は減少し、住宅や不動産の割合が高くなる。なぜ、このようなパターンが生まれるのか、その要因を解明する上でも、地理学の研究方法が役に立つ。

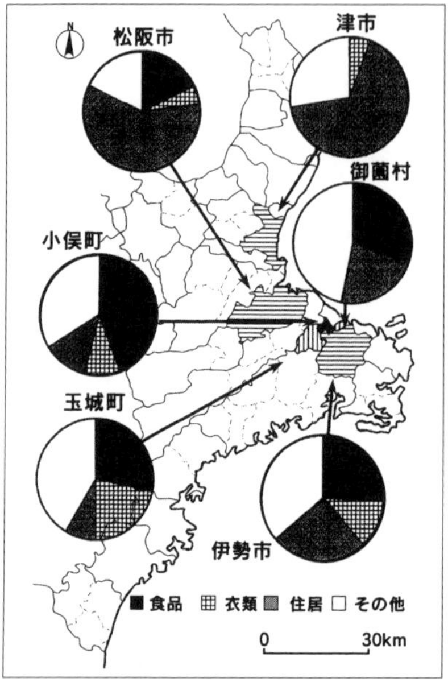

図 1.1 三重県小俣町の新聞折り込み広告の宣伝内容（1997 年 8 月 14 日〜 9 月 13 日）

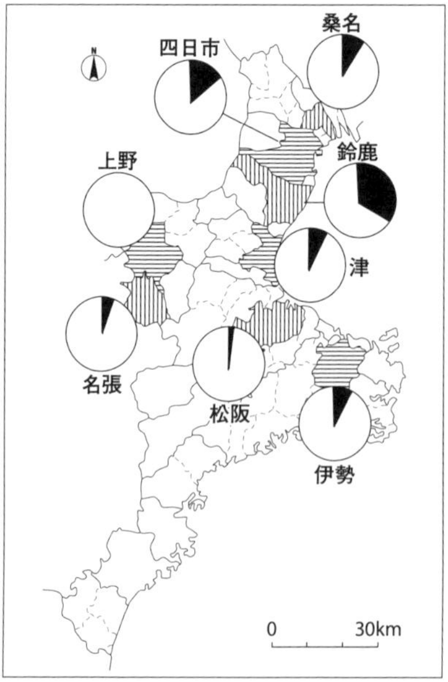

図 1.2 テレフォンアポイントメント営業で母親に怒られた割合（2001 年）

日常生活にも、空間的視点を意識するだけで、それまで見えなかったことが見えてくることがある。ある学生は、アルバイトとして、電話によって家庭教師を斡旋し、中学生の母親と会話する機会が多くあった。彼の悩みは、電話の相手であるその母親たちに厳しく叱られることが多かったことだった。しかし、文化地理学の概念を学んだために、電話をかける相手の居住地域によって、叱られる割合が異なることに気づくようになった。それで、それぞれの地域に電話をかける件数と叱られた件数を記録するようにした。その結果が**図 1.2** である。鈴鹿市の母親に電話をして叱られる割合が高い一方、上野や名張など、伊賀地方の母親に電話をすると、とても受け答えがよいという印象をある程度客観的にとらえることができた。鈴鹿にどのような空間的要因があるのか。家庭教師勧誘の電話回数が他よりも多いのか、名古屋からも津からもかかってくるからか、家庭教師業界の競争が激しいのか、それとも歴史的に築かれてきた気質なのか、様々な論点が提示され、議論された。

ある大阪出身の学生は、実家に帰ったある日、何気なく歩いていたら、中年女性に足早に抜かされ、驚いた。そのとき、大阪の中年女性の足は速いのではないかという仮説が生まれた。彼は、8 月の快晴の日に、大阪市、京都市、四日市市、津市の駅付近の、歩測 30 歩ほどの距離を、人々がどれだけの時間で歩くかをストップウォッチで測定した。30 代〜 50 代にみえる中年女性と、20

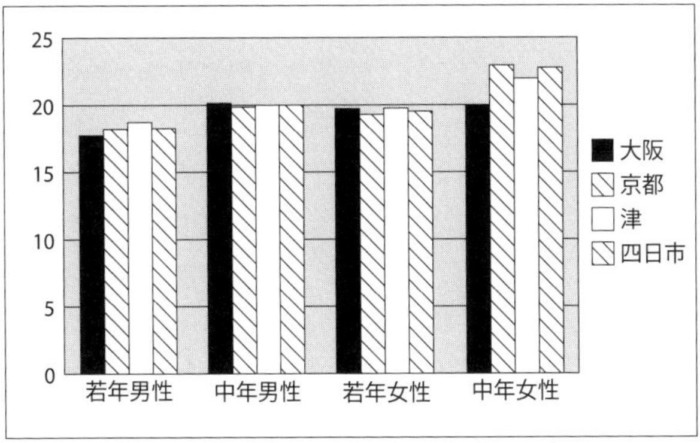

図 1.3　四日市市、津市、京都市、大阪市における性別・年齢別歩行速度（秒）

注）男性学生が自分の 30 歩の距離を定めてストップウォッチで測定した秒数（2000 年 8 月調査）

代までの若年女性、それに中年男性と若年男性を数十人計測し、その平均をとると、四日市、津、京都では中年女性が他のカテゴリーよりも歩く速度が遅いのに対して、大阪だけは遅くないという結果が出た（**図 1.3**）。すなわち、中年女性だけを比べると、大阪が最も速く歩く。なぜこのような結果が出たかを考えると、立派な文化地理学的考察になる。要因を考えながら細かく観察すると、大阪の中年女性でスニーカーやランニング・シューズをはいている割合が高いこと、日傘を差している割合が低いことなど、いろいろと関連することが出てくる。では、なぜ大阪の中年女性は機能重視の靴を履くのか、同じ天候なのになぜ日傘を指す割合が低いのか、検討を続けていくことにより、空間の特性がさらに明瞭に浮かび上がってくるだろう。

2. 環境への関心

文化現象に対して地理学が持つ２番目の視点は、環境である。地理学は、地表面を研究対象としているので、伝統的に自然環境的・生態的な側面の分析に長けてきた。いろいろな現象を環境とのかかわりで考えると、視野が広がる。

あるスポーツ好きの学生は、「屋内スポーツは北日本で強い」と言った友人の言葉になるほどと思い、過去の新聞を情報源としてそれを実証しようとした。彼は、屋内競技としてバスケットボール、バレーボール、バドミントン、卓球を、屋外競技として野球、サッカー、ラグビー、ボートを選択し、高校と大学の全国レベルの大会で、準々決勝まで進ん

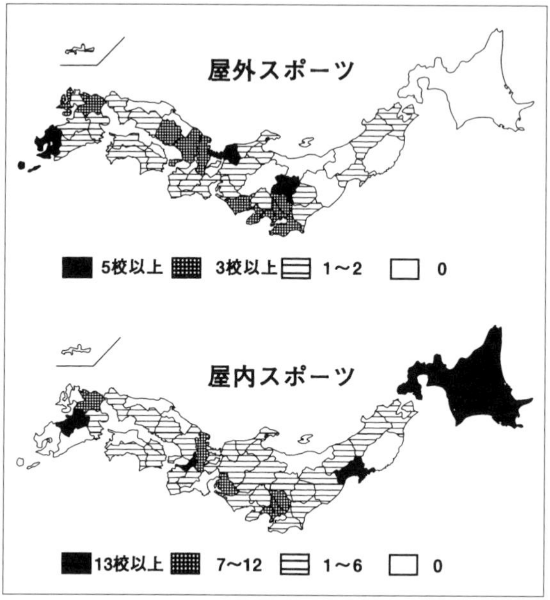

図 1.4　屋外・屋内スポーツが準々決勝以上に進出した高等学校数（1997 年）

だ学校の所在地を抜き出した。準々決勝の情報を得ることができなかったものは準決勝以上のデータのみを対象にした。また、ボートに関しては多くのクルーが準決勝に残るので 3 位までのクルーを計算に含めた。その結果、**図 1.4** のような地図をつくった。地図化という作業は、文化現象を空間的にとらえる第一歩だ。

彼は、この地図から、何とか気候とスポーツ現象との対応関係を読み取ろうとした。準々決勝への進出校で北海道・東北地方の高校の占める割合は、屋外スポーツでは 5% なのに対して、屋内スポーツは 21% と高くなっている。一方、大学の場合には、有力選手が関東や近畿地方の大学に集中するために、そのようなパターンは現われない。大多数の生徒が同じ都道府県出身である高校の場合には、地域的な条件が反映しやすく、冬季に雪でグランドが使用できなくなる北海道・東北地方に屋内スポーツが発展したのだと考えた。

ただ、いろいろと議論をすると、分析手法や解釈にいろいろな問題があることが明らかになってくる。そもそも準々決勝進出校の絶対数で分析したことは適当であったか。都道府県によって人口が異なるので、高校に関しては人口比で比較をするほうが適当だったのではないか。また、冬季を雪で覆われる地域でも、北信越地域の高校に同じようなパターンが見られないのはなぜか。地図を眺めることによって、パターンに関する疑問ばかりではなく、そのパターンを生み出した空間的な条件にまで考察が及ぶ。気候要素の重要性を十分に認識しながらも、決して単一の要素ですべてを説明しようと短絡的に結論付けるのではなく、数多くの要素がかかわることを理解し、慎重に検討する学術的態度が、地理学を学ぶ過程で養われる。

文化地理学では、単に物理的特性にばかりではなく、人々がどのように環境を認識しているかに関心を持っている。ある沖縄出身の学生は、三重大学生が沖縄に対してどのようなイメージを持っているのか知りたいと思い、100人の友人にアンケートをとった（2005年調査）。その結果、沖縄に対する憧れを持っている人が88人もいた。なぜ憧れるかという複数回答の質問に対して、最も多かったのが「海がきれい」（40人）で、「自然が豊かで暖かい気候」（23人）がそれに続いた。もちろん、沖縄の海は美しく、本土に比べて暖いのだろうが、アンケートに解答した過半数（56人）は、実際に沖縄に行ったこともない。彼らを動かすのは、沖縄という環境に対するイメージである。そして、観光業者が、人々を沖縄に来させるために用いるのも、イメージ戦略である。沖縄が「南国の楽園」であるというイメージが政治的、社会的、商業的に形成されているのである。東京は進路や就職など「自己実現を果たす」日常としての場所であるならば、沖縄は「異国的雰囲気を満喫する」非日常の場所として社会的に作られてきているのではないかと彼女は検討している。

このように、いろいろな文化的現象に対して、環境がどのようにかかわっているかを視点にすることが、文化地理学の持ち味である。

3.景観への関心

地理学が、文化現象を分析するときに用いる3番目のキーワードは、景観である。自然地理学が、山や川などの地形や植生など、目に見えるものを自然の特性を知る手がかりとしてきたことと同様、文化を扱う地理学も、ものの外観を文化の特性を知る手がかりとできないかと考えているのである。

景観を見たからそのまま目に見えない「文化」という実体が自動的に現われてくるわけではない。ただ、地理学者たちは、「文化」という抽象的な領域にアプローチするために、目に見える文化景観が有効な手がかりとなるのではないかと考え、研究を進めてきたのである。

景観を手がかりとする発想は、誰でも日常的に持っているものである。「経済とは何か。」と問われても、すぐには実感がわかない。その抽象的な経済現象に対して、経済学者は理論を構築し、その理論の有効性を、様々な経済指標をもとに検証しようと試みるのかもしれない。それに対して、地理学者は、経済現象を具体的な景観を手がかりとしてとらえようとするのである。複雑な理論を学ばなくとも、目の前に水田が広がっているとすると、そこで水稲作という経済活動が行われていることがわかる。しばらく移動していくうちに、景色が水田から工場群に変わっていくと、農業を行っている地域から工業活動が行われている地域に移ったことが明らかである。道路や鉄道は交通や流通を知る手がかりとなり、官公庁の存在は公共サービスがその場所で提供されていることを示している。そのような具体的な人間活動の現われが、より抽象的な経済、政治などを含む広い意味での文化にアプローチする手段の一つになるのだ。

したがって、地理学を学ぶ者にとって、景観観察は重要な訓練のひとつとなる。どこに行っても、目に映るものが何を表しているのかを意識し、観察し、仮説を立て、その仮説の検証を行うことにより、その空間の実態が浮かび上がってくるのである。

ある学生は、初めての地理学実習として、2004 年 11 月下旬の土曜日に三重県の太平洋岸に位置する尾鷲《おわせ》市という人口２万余の都市に出かけた。何をしてよいか分からない彼は、とりあえず建物をスケッチしたり、いろいろな施設の配置を地図化したりすることに忙しかったが、目の前にあったコインランドリーに中高年の人々がいるのを見て意外に思った。彼の持っていたコインランドリーのイメージは、学生のような一人暮らしか、アパートなどで洗濯機を置くスペースがない人が利用するものであった。彼がそこにいた２時間の来客者は 40 代前半の女性１名、50 代の男性１名、60 ～ 70 代の女性２名であった。彼らのうち２名は自動車で、１名はスクーターで、１名は徒歩で訪れていた。稼動していた洗濯機は１台であったが、乾燥機は６台も使用されていた。

限られた観察ではあったが、尾鷲にはコインランドリーが中高年者に比較的よく利用されていることを発見した。その要因として、若年層が少なく、50 代以上が多い尾鷲市の人口構成が関わっているのではないかと考えた。一人暮らしの中高年者にとって、コインランドリーは便利なはずであり、年間を通して雨の日が多い尾鷲市にとって、乾燥機が重宝されてしかるべきであると思った。彼は、それらの推論から、中高年の一人暮らしという高齢社会では、一般の洗濯物でも気軽に頼むことができる洗濯請負業のような商売の需要が高くなるのではないか、また乾燥機の利便性を強調することにより、コインランドリーという商売もより繁盛するのではないかという仮説を立てた。これらは、推論の域を出ていないものであるが、景観や人々を観察することが、空間を理解する手がかりになる好事例であろう。

景観は、単に機能的に解釈できるだけではなく、象徴的、記号的にもとらえることができる。昔の小学校に残っていた二宮金次郎の像は何を意味しているのか。村はずれの地蔵は何を物語るのか。死んだ人は何も求めないのに、なぜ墓地があるのか。東京都庁舎はなぜ高層ビルでなければならないのか。そもそも、もとから境界がなかった土地になぜ線引きがなされるのか。改めてまわりを見直してみると、なぞだらけである。このようななぞに対する答えを求めていくことが、文化地理学研究に結びついていく。

4.文化地理学へようこそ

人間にかかわることはほとんど地表面に起こっている。それならば、人間に対する関心は、文化地理学の課題となり得る。文化地理学の課題とするために、そのトピックに、空間的な側面があるか、環境に関わる部分があるか、景観を手がかりにできるかを、一緒に考えてみよう。このうち、ひとつでも該当する部分があるならば、文化地理学の方法を適用してほしい。文化地理学を学ぶことにより、自分の関心を、既存の学問の蓄積と結びつけて明確化し、課題を探究し、実践的に応用できる力を養うことができるであろう。

多くの社会科学は、まず抽象的概念からスタートする。しかし、文化地理学は、自分の関心からスタートできる。他から押し付けられてではなく、自らの関心ある文化現象のパターンを発見し、その要因を説明し、意味を解釈し、さらには現実世界に適用する一連の知的探究プロセスを習熟するならば、どの世界に行っても、その実践的な学問能力を発揮することができるようになるだろう。

本書では、文化地理学の基礎概念や知識を概説するものではあるが、それらの知識はあくまで読者が自らの関心に対して適用できる能力を身につけさせることを意図してのものである。次章では、地表面の現象をどのような手順で分析していけば研究になるのか、その方法を述べる。そして、3章～5章では、空間的な視点、環境的な視点、景観的な視点で地表面の現象を把握する方法をさらに詳細に学ぶ。

第6章からの第2部では、地表面に展開する現象を、文化地理学的方法を実践して研究する事例を、政治、言語、生業など、様々な領域で紹介しよう。

考えてみよう

1. 次の現象には、どのような空間的な側面があるだろうか。

衣服／住居／病気／コミュニケーション／漫画／電車／広告／デザート

2. 次の現象には、環境がどのようにかかわっているだろうか。

ドーム型球場／サッカー場／屋根瓦／観光／工業／映画／広告／南北問題

3. 次の現象を具体的にとらえるための景観要素に何があるだろうか。

政治／権力／バスケットボール／メディア／公共性／プライバシー／知的財産権／教育／都市化

中川 正（2000）『文化の法則を探ろう』三重大学出版会。

中川　正

コラム　文化とは

かつてイギリスの文学批評家のレイモンド・ウィリアムズ（2002）は、culture（文化）という語は英語で最も複雑な 2、3 の語のひとつであると言った。そして文化とはいったい何なのかという問題は、まだ解決していない。

culture という語は、住む、耕作する、守る、尊敬するなどを意味するラテン語の「colere」を語源とする。つまり、基本的には文化 culture は穀物や動物など自然に人間が手を加えるという意味であった。

この語は、19 世紀ごろからドイツ語の中で、人間が大人へ、あるいは洗練された教養を身につける成長過程を表すようになった。さらに 19 世紀初期には、国民独特の伝統的な文化や人間精神を強調するために、「文化 kultur」が用いられるようになった。こうして現在用いられる「文化 culture」の意味ができたのである。

実際の研究では、何を文化とし、どのようにそれを解明してきたのだろうか。

文化人類学者のクラックホーン（1971）は、生まれたばかりの赤ん坊の性格がその後の育成過程によって異なることなどを説明しながら、自然や生理現象によって人間は制限を受けながらも、人間が生み出した文化は自然条件を乗り越えていくことを説く。たとえ人が死んでも、その人が蓄積してきた知識や文化は「歴史の沈殿物」（クラックホーン 1971:50）として時代を超えていくと考えられてきた。

たとえば日本では黒色に死者を弔う意味を与えているように、人間はあるモノに対してある概念や価値を与えている。身の回りの環境に特別な意味を与え、意味に満ち溢れた世界を作り出しているのである。そしてその特別な意味は、同じ集団のメンバーによって理解される。こうした、ある土地に住むある集団によって受け継がれてきた「文化」を解明することが、文化地理学の使命だった。

しかしながら、この文化が人間の行為や思考を規制する側面を強調しすぎるあまり、人間は文化に従属するものであるという考えに至り、人間がその文化を取捨選択する可能性を軽視している、あるいは文化的な現象を「文化」という人間から独立して存在しつつ、人間をコントロールするもので説明している、という、「超《ちょう》有《ゆう》機《き》体《たい》説」批判がアメリカでは寄せられた。

一方、「カルチュラル・スタディーズ」が展開したイギリスでは、文化、たとえば芸術や音楽は誰にとってのものか、それはどのような人びとの力関係（政治や経済）の中で生み出され維持されてきたのかが問われてきた。「文化唯物論《ゆいぶつろん》」、あるいは「文化の政治学」と称されるこうした姿勢は、文化は人びとの日常的な衝突やせめぎ合いの中でたえず生み出され変化するものだと考える。そしてそれまで取るに足りないものと考えられてきた、年齢や民族集団や人種や性差などに基づく少数派の「文化」も重要な研究対象となったのである。

こうしたふたつの流れは「新しい文化地理学」とよばれたが、文化、経済、政治の複雑な関係をより批判的にとらえるための論争が行われた（ミッチェル 2002）。さらに、誰がある集団を代表してその文化を語ったり記述したりする資格を持つのか、という表現する側の「位置性《ポジショナリティ》」に関する議論まで行われている。

「文化」を安定的な単純なものとしてではなく、それがはらむ複雑な関係性を持つものとして考え、それを問うことが、文化地理学では求められている。

ウィリアムズ、レイモンド（2002）『完訳キーワード辞典』椎名美智・武田ちあき・越智博美・松井優子訳、平凡社。

クラックホーン、クライド（1971）『人間のための鏡―文化人類学入門―』光延明洋訳、サイマル出版会。

ミッチェル、ドン．森正人訳（2002）「文化なんてものはありゃしねえ―地理学における文化観念の再概念化に向けて―」『空間・社会・地理思想』7。

森　正人

第2章 文化地理学研究の手順

—発見・説明・解釈・応用—

前章で、文化の現象を地理学の対象とするためには、空間的、環境的、景観的な視点を持つことが鍵であることを述べた。では、文化現象の空間的、環境的、景観的な側面を、どのような手順で、分析していくのだろうか。**図 2.1** を見てもらいたい。文化現象を地理学的に探究するためには、①発見、②説明・解釈、③応用、の３つの手順を考えればよいのである。

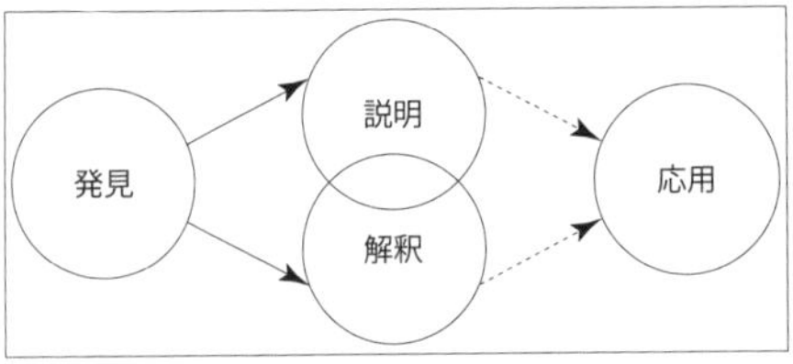

図 2.1　文化地理学研究の手順

1.研究の手順

(1) 発見

研究の第一歩は、世の中の諸事象から、①空間的、②環境的、③景観的なパターンを発見することである。再び交通事故を例に取り上げて考えてみよう。

交通事故に関する空間的なパターンとしては、前章で挙げたとおり、次のようなことが考えられる。

・世界ではどの空間に交通事故が多いのだろうか。

・日本ではどの空間に交通事故が多いのだろうか。

・自分の住んでいる都道府県ではどの空間に交通事故が多いのか。

・自分の住んでいる市町村ではどの空間に交通事故が多いのだろうか。

・自分の近所では、どの地点に交通事故が多いのだろうか。

交通事故と環境とのかかわりに関して、どのような現象が発見できるだろうか。

・地形により、交通事故の頻度や種類に差があるか。
・気象条件により、交通事故の頻度や種類に差があるか。
・季節により、交通事故の頻度や種類に差があるか。
・交通事故の頻度が高い自然的条件はあるのか。

交通事故にかかわる景観的な現象は発見できるだろうか。

・交通事故の多い地点にはどのような景観が見られるか。
・交通事故を誘発するような景観はあるのか。
・交通事故によって生み出された景観はあるのか。

このような、発見のプロセスでは、現実を観察しながら、その空間的、環境的、景観的な視点のもとに、できるだけ多くの要素を列挙してみるとよい。仮説として挙げられた要素を実際に調査すると、それほど意味あるパターンが見られない結果になるものも多いが、中には、顕著なパターンが発見され、そこから興味深い研究課題に発展するものもある。どのような現象を見ても、多くの地理的な問いを発することができるようになれば、地理学的なセンスはますます研ぎ澄まされていくだろう。

(2) 説明

興味深いパターンが発見されると、次のステップは、なぜそのようなパターンが生まれたのかを説明することである。

たとえば、中心市街地を通る国道沿いで、交通事故件数が多いというパターンが発見されたとしよう。ここで問題となるのは、なぜこの国道沿いで交通事故が多く発生するのか、その要因を説明することである。その説明の第一歩は、できるだけ多くの仮説を立てることである。仮説を立てることができれば、仮説を検証するために、何を調査すればよいかが明らかになる。

・自動車交通量が多いからではないか。
・子どもの歩行者が多いからではないか。

・子どもの遊び場が近くにあるからではないか。
・高齢者が多いからではないか。
・自動車がスピード違反をするような信号間隔だからではないか。
・歩道がないからではないか。
・自転車通行量が多いからではないか。
・違法駐車が多いからではないか。

このような一時的な仮説を立て、調査を進めていくうちに、疑問の連鎖が生まれてくる。その国道が、市内を通る他の道路よりもはるかに交通量が多いことが明らかになれば、「なぜこの国道に交通が集中するのか」という疑問が生まれる。地権者の反対により、バイパスの用地買収が進んでいない実態がわかれば、「なぜ地権者が反対しているのか」という疑問が生まれる。そこには、歴史的に形成された複雑な土地所有関係や、過去に廃棄物処理場建設地に指定された地域住民間の政治不信などがからんできたりするのかもしれない。すると、表面に現れた交通事故件数という現象の空間的パターンは、様々な地域の政治、経済、社会、文化構造の現れの一部であることが次第に明らかになり、社会科学で長年築かれてきた政治、経済、社会、文化理論などが、説明に役立ってくるのである。社会科学の基礎理論をおさえておくことは、このような要因説明を行ううえで、重要なツールを準備することにつながる。

(3) 解釈

発見した現象が、人間の主体的な意味の世界にかかわるとき、その要因を説明する以上に、当事者にとっての意味を解釈する方向に研究が進む場合もある。たとえば、交通事故が発生した地点にある小さな地蔵が置かれていたとしよう。「なぜその地蔵が置かれたのか」という景観にかかわる疑問は、「交通事故が地蔵を置かせる」と即物的に答えるべき疑問というよりも、「その地蔵が置かれた意味は何か」という意味の解釈を求める疑問である。

人間は、単に要因を探るだけでは満足しない不思議な存在である。自分の子どもがトラックに跳ねられて死亡したときに、親は「なぜ自分の子どもが死ななければならなかったのか。」という問いを発するだろう。この場合の問いは、必ずしも要因の説明を求めているわけではない。「体重30kgのあなたのお子さんが、時速60kmで走ってきた4トントラックに跳ねられると、この部分の組織が破壊して、死に至ります。」という生理的要因を説明されても、「あの運転手はノルマを果たすために休息をとる時間も惜しんでトラックを走らせた結果、居眠り運転になってしまったのです。運転手個人の責任よりも、ノルマで追い立てるその運送業者の営業姿勢が大きな要因だと思われます。」という、企業間の競争原理の弊害を説明されても、親の「なぜ」という疑問は消えない。なぜならば、要因の説明は主に“how”（どのように）という疑問には答えるけれども、人間の存在の意味を問う“why”（なぜ）という疑問には答えられないからである。

この“why”という疑問に対する答えは、当事者の価値観や世界観によって異なる。ある親は、子どもを失って、世の中には交通事故で親を失って悲しんでいる子どもたちが多いことに気づかされた。そして、交通遺児の親代わりとなることによって子どもが死んだことは無駄にはならないと解釈し、ボランティア活動を始めるかもしれない。別の親は、市内の交通事故撲滅のために働こうと、市議会議員に立候補するかもしれない。さらに、宗教に回心する親もいるだろう。これらの様々な意味づけの、どれが正しくて、どれが間違っているかを結論づけることは適切ではない。当事者の意味の世界を解釈し、主観の世界に気づかされることも、学問の重要な課題の一つである。このような意味の解釈を行ううえで、現象学、記号論、象徴論、宗教学、文学、心理学などの学びが役立つことが多い。

ただし、実際に研究を進めていく場合、「要因の説明」と「意味の解釈」の領域は、明確に区別できないことが多いので、ある現象を発見したあと、「果たして説明をすればよいのか、解釈をすればよいのか。」という区別に悩む必要はない。以後、本書では、この両者を「説明・解釈」として、同じカテゴリーとして扱うことにする。

(4) 応用

世の中の現象の空間的、環境的、景観的パターンを発見し、その現象を説明・解釈することが、地理学的な研究の流れであるが、さらにもう一歩進んで、その分析や解釈の結果を現実世界や自己実現のために、応用する努力が望まれる。もとより、地理学は純粋科学としてばかりではなく、応用的学問の色彩をも併せ持ち、その成果は教育、環境政策、福祉政策、情報コンサルタント、景観コンサルタントなどの領域に応用されている。

応用はどのように行うのであろうか。最も直接的な応用は、ある現象の要因が解明されたならば、その現象が好ましい場合には要因となるべき要素を活かし、好ましくない現象に関しては、その要因を取り去るということである。たとえば、先に検討したように、国道の交通事故発生率が高く、その原因が交通量の集中であるということがわかれば、どのように交通を分散させるかということを応用として考えればよい。このような直接的な応用を、本書では「実証的応用」と呼ぶことにする。

これに対して、表面的な解決ではなく、より深い構造レベルでの根本的な解決を目指す応用がある。前述した交通事故の場合、地権者が政治不信を持つ政治、経済、社会、文化プロセスが、バイパス用地買収の大きな障害となっていた。このような構造的変革は、即効性を持つものではないが、的確な戦略とともに、多大な時間と労力を払って行うならば、根本的な解決をもたらすことができる。このような応用を、本書では「構造的応用」と呼ぶ。

この両者は、まったく別のものというよりも、相互補完的なものである。この交通事故の事例の場合には、交通の分散化を様々な方法で行う直接的応用をすぐにでも実践する必要があるが、同時に、長期的な解決を行うための、大きなバイパスを作るために、地権者たちとの関係修復というプロセスを、政治的、経済的、社会的、文化的に、時間をかけて行う構造的応用を続けていく必要がある。

また、ある都市の犯罪率を低下させたいと思い、都市の犯罪マップを作ったとしよう。これは、犯罪という現象の空間的パターンを発見する地理的な研究プロセスをたどったものである。実証的応用を重視する人は、犯罪の多い地点のパトロール強化や、照明などの整備といった対応を急ごうとするだろう。しかし、構造的応用を重視する人は、なぜそもそも犯罪が起こるのか、といった根本原因を探ろうとする。そのときに、豊かな人と貧しい人との間に横たわる経済格差に着目し、貧しい人が自分の欲求を満たすことのできない状況が続く限り、犯罪の根本的な原因を取り去ることができないだろうと考えるのである。

第３の応用の形態は、自己実現のために、意味ある人生を送るための「実存的応用」である。前述した交通事故で子どもを失った親の対応は、いずれも実存的な応用である。どのような応用が適切であるかは当事者の価値観によって異なるが、自らの意思で選択し、選択した行為に責任を持つかぎり、その行動は意味づけられ、価値を持つものなのである。自らの人生の方向性を選択することは、地理的探究の一つの成果であるので、実践を心がけると意味ある人生を送る上で役立つだろう。「この地理的現象の解釈の結果は、どのように応用できるか。」という課題について、小グループ内で話し合うと、様々な価値観が出てくるだろう。その多様な価値観の理解を求めようとする姿勢が、多次元の価値が共存するうえで、重要となってくるだろう。

2.事例:霞ヶ浦湖岸移住門徒集落の研究

「発見」→「説明・解釈」→「応用」という手順は、必ずしもこのように直線的な流れで進むものではない。発見にも様々なレベルがあり、ある現象を発見すると、それに関連する具体的な現象をさらに発見していかなければならなくなる。発見した事実を説明・解釈するために、さらに新たな事実の発見が必要となることが多い。また、学術的研究には、応用的側面が必ずしも備わっているわけでもない。しかし、「発見」「説明・解釈」「応用」という３つのステップを意識することによって、研究に欠けている部分が理解できたり、研究が行きづまったときに先に進む手がかりとなったり、「なぜその研究をするのか」といった常識的な疑問に立ち返る契機となったりする。ここでは、この３つの要素がどのようにかかわりながら研究が進むかを、筆者の大学院生時代の事例をもとに見てみよう。

(1) 発見

①景観を手がかりとした研究対象の発見

大学院に入ったばかりのころ、私は茨城県の霞ヶ浦湖岸の地図を眺め

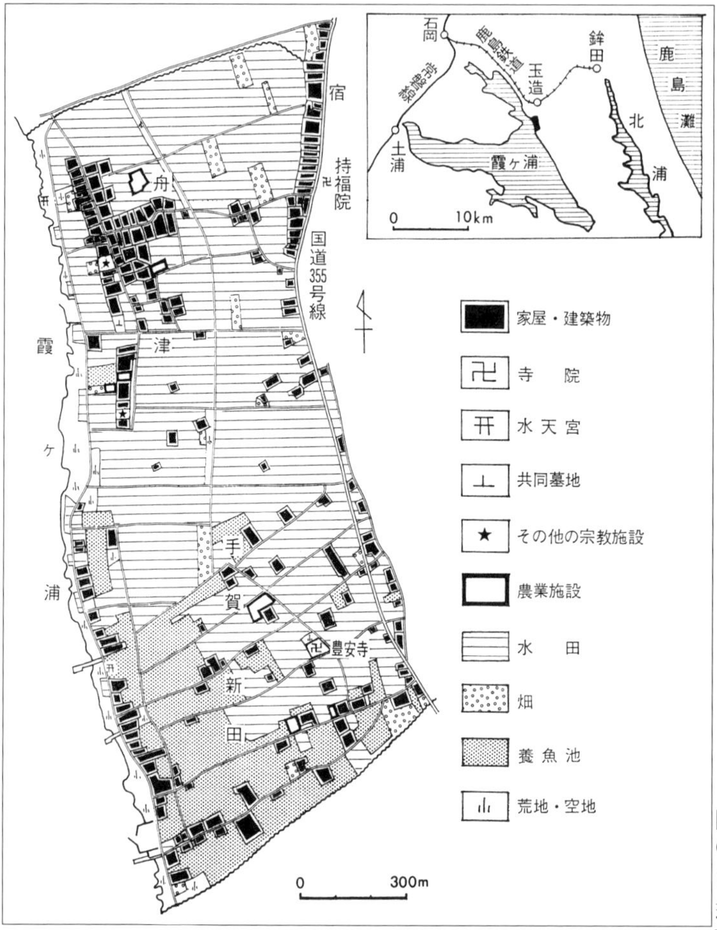

図 2.2 手賀新田の土地利用
(1981 年)
現地調査による。

ながら、家が凝集して集落を作っている集村が多い中に、玉造町《たまつくりまち》（現行方《なめかた》市）の手賀新田《てがしんでん》という集落が、家が散在する典型的な散村形態であることに気づいた（**図 2.2**）。その地域の調査をした事のある地理学者に話をうかがうと、手賀新田が、近世末期に越中（富山県）から移住してきた浄土真宗門徒の子孫たちの集落であることを教えてくださった。富山県出身の私は、富山の散村形態が、この地域に移植されたのかなという漠然としたイメージを持った。この漠然としたイメージを具体化するために、「散村」「移住者」「経済」「浄土真宗」「富山」などのキーワードを手がかりとして研究を進めることにした。

②文献を通した背景の発見

キーワードが出てきたときには、それを手がかりに、問題の背景を文献から調べることができる。近世末期に北陸地方から関東に移住してきた農民に関する研究には、歴史学や歴史地理学の分野からのものがいくつかあった。

五来（1950）によると、近世末期には、北関東では生活に困る農民たちが都市へ逃げたり、生まれたばかりの子どもを殺したりしたために、人口が減少し、耕作されない農地が増加したという。一方、北陸地方は、浄土真宗への信仰が強く、子どもを殺すことはしなかったので人口が増加し、土地が不足した。この対照的な両地域間の人口移動は、北関東の浄土真宗の僧侶によって行われた。笠間《かさま》藩領（茨城県笠間市）にある西《さい》念《ねん》寺《じ》の住職が、北陸の真宗門徒を移住させることにより、寺院を繁栄させようと試み、藩主の理解も得て、農民の移住を導いた。移住した門徒たちは、偏見の中で、勤勉に働き、荒地を開拓していった。この成功を見て、他の藩や代官領においても、同様の政策がとられ、また先に移住した人を頼って新たな移住が起こり、移住門徒たちの集落が次々と生まれた。

手賀新田は、そのようにして移住した浄土真宗門徒たちの集落であることが理解され、研究に対する関心が高まった。

③予備調査を通した背景の発見

文献は、あくまで問題の背景を理解するものであるので、研究対象自体について、詳細を語ってくれるものではない。私が知りたい手賀新田という集落については、私が調べなければ明らかにならないのである。移住門徒集落としての手賀新田の位置づけを行うために必要な、北関東における移住門徒集落の分布や現状についても、研究されてはいなかった。その全体像をおさえるためにも、研究者自らが足を運ばなくてはいけないことがある。

私は茨城県と栃木県の浄土真宗寺院をリストアップし、一つ一つを訪れ、住職から北陸からの移住者の子孫の檀家がどこにあるか、彼らにはどのような特徴があるのかを聞き取った。その結果を地図上に落とし、また、聞き取り内容は記録して整理した。すると、1981 年時点において、少なくとも 9000 戸の移民檀家があることがわかった（**図 2.3**）。また、

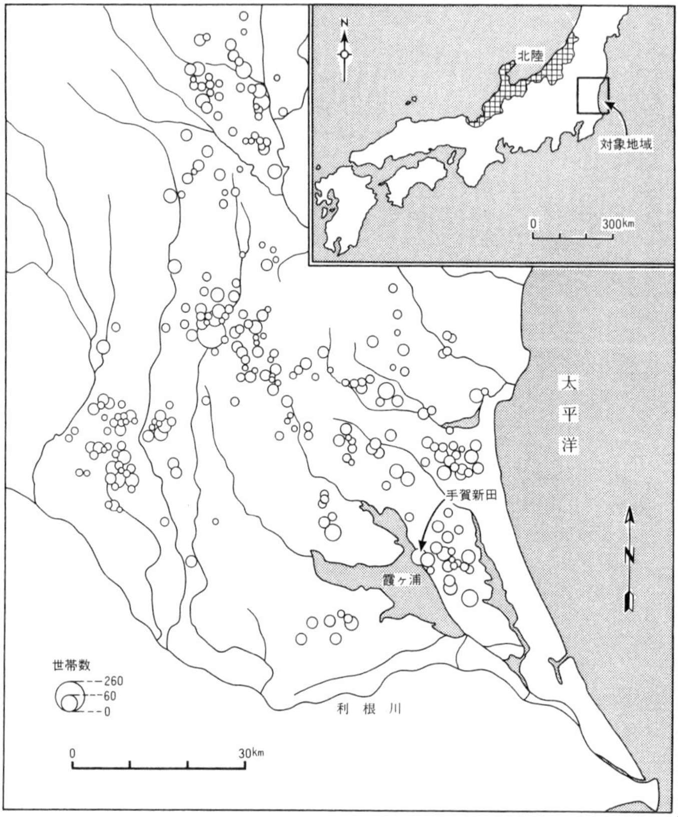

図 2.3　北関東における北陸からの移民の子孫の分布（1981 年）
浄土真宗寺院 80 ヶ所への聞き取りによる。

彼らが周囲の住民に比べて、浄土真宗への信仰心があり、社会的にまとまりがあり、進取の気性に富み、勤勉であるというイメージを持たれている実態が明らかになった。このようにして、移住門徒集落としての手賀新田の特徴が、漠然と浮かび上がってきた。

④現地における予備調査を通した調査項目の発見

私は現地を訪れ、景観観察を進めるとともに、集落の古老や住職、その他現地に詳しい方々に聞き取りを行った。そのときに、重要な要素は、人々が漠然と持っている「信仰心が強い」「社会的にまとまりがある」「勤勉である」といったイメージが、事実によって確認できるのかどうか、できるとするならば、具体的にどのような要素を調査すればよいかを探らなければならない。

質問「浄土真宗への信仰心があるとおっしゃいましたが、どこにそれが現れていますか。」
回答「そうですね。浄土真宗以外の行事が少ないですね。昔は節分もひな祭りもしませんでした。」
質問「他にも何かありますか。」
回答「仏壇が大きいのですよ。それも大きな金仏壇が居間ではなく仏間にあるのです。」
質問「他にも何かありますか。」
回答「本堂の改築のときには、寄付がよく集まりました。」

このように聞いていくと、「信仰心」という漠然としたイメージが、行事、仏壇の大きさ、仏壇の材質、仏壇の置かれる位置、改築時の寄付金額、などといった具体的に調査可能な項目として浮かび上がってくる。同様なことを、他の要素についても丹念に繰り返していくうちに、客観的な調査項目を設定することができる。

⑤調査方法の設定

この手賀新田の特徴を浮かび上がらせるために、同じ湖岸低地に立地し、隣接する舟津と比較した。舟津は手賀新田と同様、調査時点で77戸からなる集落で、大部分が持福院という天台宗寺院の檀家である。両集落間に歴史を通して通婚事例はなく、起源は近世初期か中世にさかのぼるとされているため、手賀新田住民の先祖が越中から移住してきたときには、すでに集落があった。

手賀新田の特徴を浮かび上がらせるためには、すべての調査項目において、この２集落を比較することが有効であると考えた。

⑥調査項目に従った比較調査

両集落の調査のために、必要なものとして、全世帯のリストを作成し、またそれぞれの地図上の位置を示した地図をも準備した。そのうえで、宗教景観、家屋景観、経済景観、社会組織、宗教組織、宗教行事、人口構成、経済活動およびそれらの歴史的変化などを、聞き取りや観察調査を通して調べた。また、様々な文書や現地資料なども、その場で入手した。聞き取った項目の中で、定量化できる部分はできるだけし、質的データに関してはできるだけ、背景の状況なども聞き取った。聞き取った結果は、フィールドノートに記載するとともに、その日のうちにカード化した。

(2) 説明・解釈

①発見した現象の関連性の検討―分析・実証的アプローチ―

文化・社会にかかわる現象は、互いに原因となり、結果となる。調査した諸要素にそれぞれどのような関係があるのか、何が原因となり何が結果となるのかという説明を求めなければならない。

図 2.4 は、私が現地において調査した項目を具体的に列挙し、それらの項目を小さなラベルに書き写して大きな模造紙の上に並べ、要素間の関連性をもとに、全体像を描き出したものである（コラム「KJ 法」参照→28 頁）。目に見える景観が、どのように人口、経済、社会的要素と結びつくかを考えて作成した。この結果から、目に見える景観が、目で確認しにくい人口、経済、社会構造のどの側面の現れであるか、ある程度具体的におさえることができた。しかし、この関連性をより厳密に検討するためには、図示した後に、現地の人や研究者たちに報告し、様々な批判や検討を加えることが重要である。

人文社会科学は、情報を収集し、それを使って特有の形態を説明してきた。大地を対象とする地理学は、大地の情報を様々な方法で収集し、整理し、自分以外の人も理解し、納得できるように説明してきた。これを分析・実証的アプローチと呼んでおこう。

②理論的説明

説明には様々なレベルがある。「なぜ A なのか」という疑問に「B という要因があるから」と答えれば、「なぜ B があるのか」という疑問が出てくる。たとえば、**図 2.4** において、「勤勉さが経済力を向上させた」とするならば、「なぜ勤勉に働くのか」という疑問は当然生まれてくる。社会科学においては、表層的な要因解明で終わることなく、できるだけ深くその要因に迫ろうとする。そのために立てられてきた仮説の中で、様々な検証に耐えてきたものを「理論」と呼ぶ。

手賀新田の住民が行ってきた経済活動の活発さに宗教的要因がかかわるかどうかについては、より根本的な検討が加えられなければならない。社会学者のマックス・ヴェーバーは、ヨーロッパのプロテスタント地

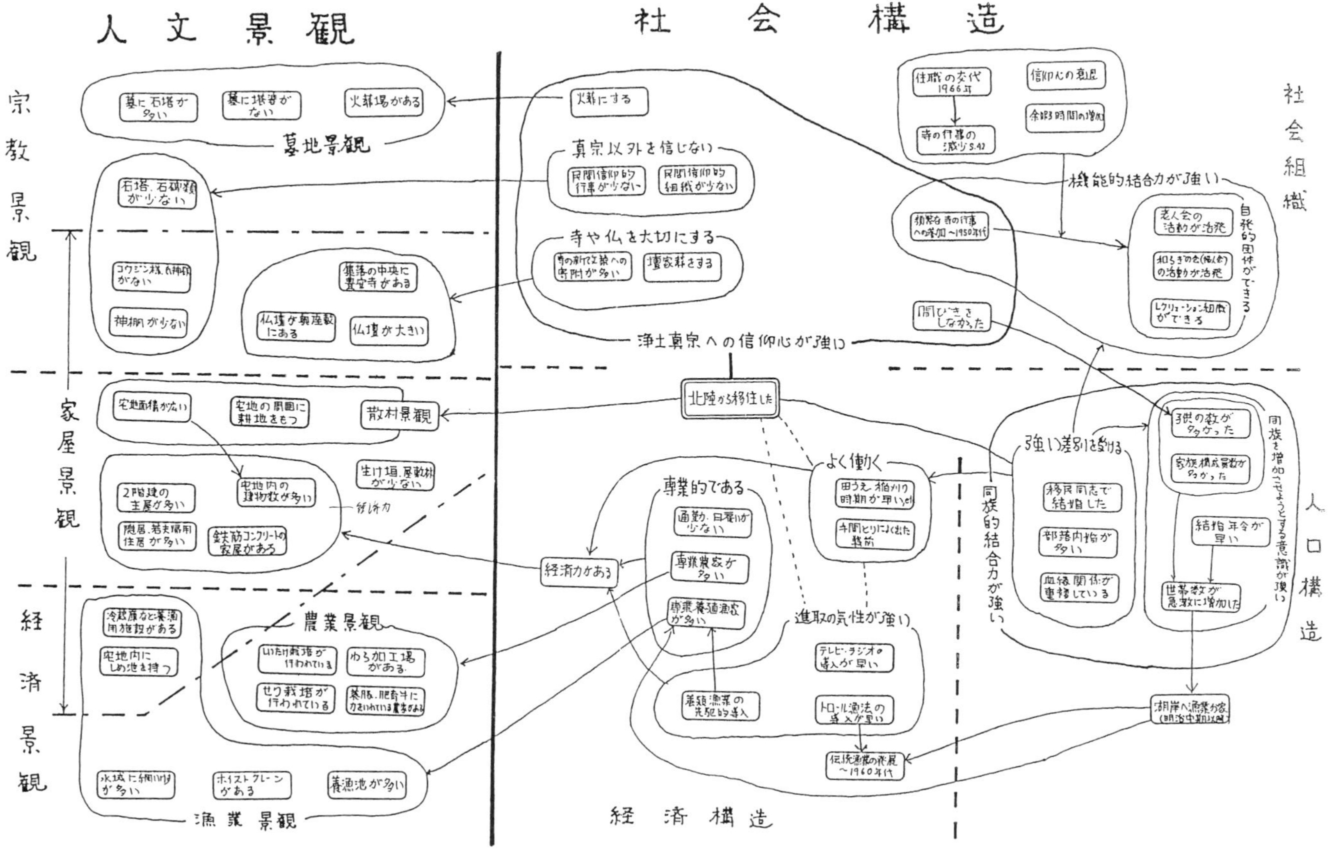

図 2.4　手賀新田の村落構造

域に資本主義的な経済活動が発展してきた要因に、宗教があるのではないかとしている（ヴェーバー 1988）。神によって救われるかどうかは神によってあらかじめ定められているという考え方を「予定説」と呼ぶが、予定説的な教理によって、「自分は選ばれている」という確信を得るために、神からの「召命」としての職業に献身的に従事した結果が、近代合理主義的経済活動に結びついているというのである。日本において、浄土真宗門とが近世以降活発な経済活動をしているのは、浄土真宗的教えと関連しているのではないかという仮説が立てられている。今回の調査から、そこまで踏み込んだ結論を出すことはできなかったが、様々な理論の選択肢を持っているならば、説得力が増すであろう。

③意味の解釈―意味論的アプローチ

私が修士論文に取り組んでいた当時、調査に「意味の解釈」が必要だという意識はほとんどなかった。私には、即物的に現象を調べ、その要因を説明さえすれば学問になるという思い込みがあった。しかし、今ふりかえってみると、じっくりとその地域に身を置くと、浮かび上がってくるであろう意味の世界があることに思い当たる。

近世末期に移住してきた人々にとって、この霞ヶ浦湖岸はどのような場所に映ったのだろうか。周囲の湖岸集落よりもいくぶん低湿であり、必ずしも農耕をするうえで適地とは言えなかった。しかし、冬に雪が降る越中の地に比べると「恵まれた地」だったのだろうか。開墾を進めていく上で、集落の中央に建てた豊安寺は、彼らにとってどのような意味があったのか。入植当初は収入が低かったのに、1 世代で周囲よりもはるかに豊かになったことには、どのような意味があるのか。移住門徒同士に結婚相手が限定される状況で、彼らのアイデンティティはどのようなものだったのか。1960 年代末から導入されたコイの養殖は、彼らにとってどのような意味があったのか。宗教の重要性が低下する中、彼らにとって、それに代わるものは何なのだろうか。

人々の信念や価値観で満ちた意味の世界には、固有の規則がある。特定の場所や時間、集団の人々はその規則に基づいて大地の状態を評価するのである。しかし、こうした規則を人々は通常、あまり意識しない。地表面での人々の営為や特別な意味・価値を作り出す規則性を分析するアプローチを、意味論的アプローチと呼んでおこう。

これらの、意味の世界は、それのみでも重要な研究テーマとなるであろう。また、直接のテーマにしないまでも、研究の過程で学んでいくことができるものである。第6章から紹介する事例には、分析・実証的アプローチ、意味論的アプローチのどちらに当てはまるかを示しておこう。

(3) 応用

直接応用に結びつく研究は少ないが、発見し、説明・解釈した結果をどのように生かすことができるかを考える習慣をつけることは、あらゆる意味で有益である。今回の研究をどのように応用できるか、考えてみよう。

①集落の特性を生かした応用（実証的応用）

まず、発見した集落の特性を、応用することができるだろうか。聞き取りによると、集落のまとまりのよさは、地方自治体によって利用されてきたということだ。戦後、自治体が産児制限のモデル地区を設定しようとしたときに、まとまりのよい手賀新田がふさわしいとみなされたという。また、団結する性質は、野球チーム、バレーボール、子ども会など様々な集落単位の活動に活かされている。そのようなコミュニティのまとまりは、さらに今後、いろいろな領域で役立つものと思われる。

②差別を撤廃するために（構造的応用）

移住門徒の子孫たちは、在来の人々とほとんど問題なく、経済的、政治的交流を行い、指導的役割を担うこともあるが、こと結婚になると、近年まで問題があった。その構造的な問題を解決するためには、地元の人々の意識や語ることばを変えていく取り組みが必要であろう。従来、あまり語られなかった移住門徒の歴史について調べ、語り、一つの誇りとして提示し、言説を変えていくことが、構造の変化への道を開くかもしれない。

③彼らの生き方から何を学べるか（実存的応用）

この集落の人々から何を学ぶことができるかについて、ディスカッションをすると、その人の価値観によって、様々な応用が出てくるだろう。最初はハンディがあっても、たゆみない努力で克服することができること、米作に不利な低湿地を養魚池とすることで逆に利点とする機転、個人では弱くても、相互扶助により難局を乗り切れること、集団としてのアイデンティティを保つ上で豊安寺のような核となる施設をつくればよいということなど、数多くのことが学べるだろう。

＊　＊　＊

本書の第２部では、言語、都市、政治、宗教など、様々な文化社会現象をとりあげ、空間的、環境的、景観的な側面から実態を発見し、その要因や意味を説明・解釈し、応用することにより、本章で述べた地理学的な研究過程を具体的に実践する。対象によっては、発見、説明・解釈、応用のすべてを含むことはできないこともあり、また応用に関しては、個人やグループでの検討課題となることもあるが、この思考過程を自ら用いていただきたい。単に教科書を読むだけではなく、章の後の「考えてみよう」「調べてみよう」を参考に、個人で実践したり、小グループで話し合ったりすると、本書を読み終えるころには、実践的な力が身についているであろう。

考えてみよう

日本のプロ野球球団の本拠地を地図上に示し、以下のことについて議論してみよう。

①本拠地にはどのような地理的なパターンがあるか。
②なぜその場所が選ばれたのか。
③本拠地となった地域の住民にとって、その球団はどのような意味を持つか。
④今度新しい球団を作るとすると、どこがよいか。その理由は。

ヴェーバー、マックス（1988）『プロテスタンティズムの倫理と資本主義の精神』大塚久雄訳、岩波書店。
五来 重（1950）「北陸門徒の関東移民」『史林』33。
中川 正（1983）「集落の性格形成における宗教の意義」『人文地理』35-2。

中川　正

コラム　KJ法

地域や社会の調査によって収集された情報や情報収集過程で生まれた発想をど

のように整理し、問題を発見し、解決に導けばよいのか、見当がつかず、途方にくれる場合がある。そのときにKJ法と呼ばれる手法が威力を発揮する。KJ法は、創始者である川喜田二郎氏の頭文字から名づけられた方法で、同氏が野外調査を通して収集したデータをまとめる過程で生み出されたものである。KJ法は、共同作業において特に効果的であるが、個人でも実践できる。

KJ法では、まず収集した情報やそこから生まれた発想や意見を小さなカードに1枚ずつ記入する作業から始まる。思いついたものから次々と簡潔な用語でカードに記入していくが、1つのカードに書くのは1つの情報だけであるという原則を守らなければならない。カードを一通り作り終えると、次に、そのカードを大きな机の上に並べ、似ていると思われるカードを近くに寄せてグループ化する。その際に、最後までどうしてもグループに入りにくいカードがでるが、それを無理にグループにくっつけないことが大切である。

次に、集まった小グループのカードを簡潔に表現するタイトルをつける。そのうえで、いくつかの小グループをまとめた中グループ、中グループをまとめた大グループなど、作業を進める。

グループ化された後、そのカードをもう一度机の上に広げて、論理的に納得できるような空間的な配置の仕方を考え、全体像を描き出し、図示する。さらに、この図を文章化し、浮かび上がった全体像と、それぞれの要素間の関係を明確化していくのである（**図2.4**）。

文化地理学が対象とする地表面は、様々な要素が相互に関係を持ちながら全体を形作る複雑なシステムである。その中から意味ある空間的、環境的、景観的パターンを発見し、説明・解釈し、その結果を応用していくために、KJ法は効果的な方法の一つである。

川喜田二郎（1967）『発想法』中央公論社。
川喜田二郎（1970）『続・発想法』中央公論社。

中川　正

第3章 視点としての空間

地理学の大前提は、「地表面上に同じ場所はない」ということである。どの2地点を比べても、まったく同じ場所は存在しないのだ。しかし、ある要素を取り出して、ある特定のスケールで一般化すると、多様性の中にも空間的なパターンが見えてくることがある。そのパターンの発見が糸口となり、要因の説明、意味の解釈、応用へと文化地理学の研究過程につながっていくのである。そのような空間的パターンを発見するために、地理学は、伝統的に地図を強力なツールとして用いてきた。ここでは、地図を用いた研究法を紹介する。

1.好き嫌いの地図化

まず、都道府県別の白地図を準備し、しばらく眺めてみよう。目に入る都道府県を思い描くだけで、様々なイメージが浮かんでくるだろう。広大な原野が広がる北海道、リアス式の三陸海岸がある岩手、国会議事堂や官庁街がある東京、山中湖に富士山が反映する山梨、琵琶湖のある滋賀、寺社が立ち並ぶ京都や奈良、原爆ドームのある広島、道後温泉のある愛媛県、修学旅行で行った沖縄など、それぞれの都道府県には、異なったイメージが伴っている。

では、その地図の都道府県の真中に一つずつ数字を書き込んでみよう。その都道府県が好きならば5、やや好きならば4、どちらともいえなければ3、やや嫌いならば2、嫌いならば1といった具合に、あまり深く考えずに記入していこう。それが地図化のための基礎データとなる。

次に、その数字にしたがって、色分けしてみよう。5を赤、4をピンク、3を橙、2を黄、1を白色としよう。暖色系で赤に近づくにつれて好き

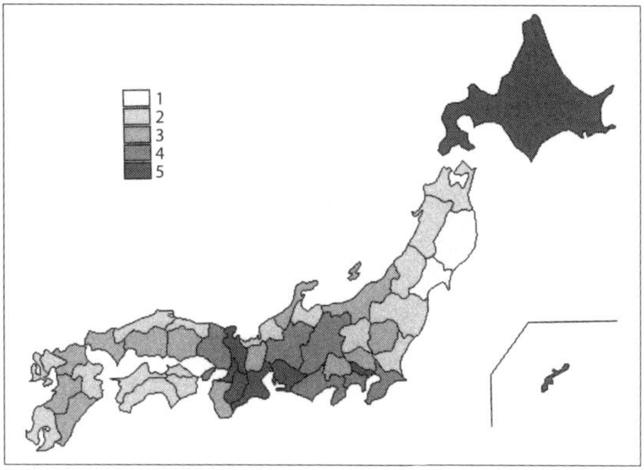

図 3.1　三重県在住学生による都道府県の評価（階級区分図）

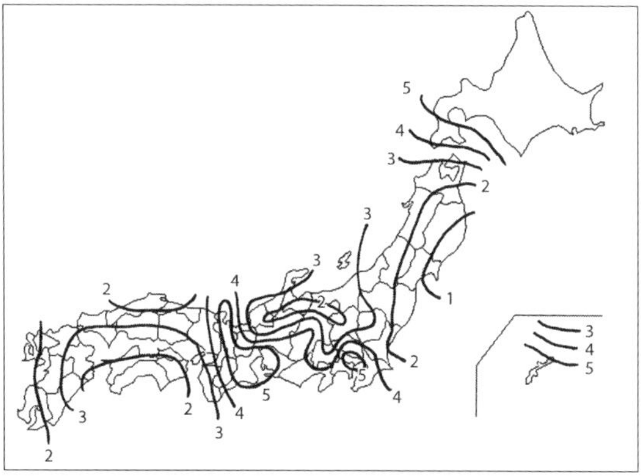

図 3.2　三重県在住学生による都道府県の評価（等値線図）

なイメージが強まっていく模様を可視化したものだ。もし、色が使えないならば、5を黒とし、1を白として、その間にハッチやドットの模様をはさんで、好きな度合いがイメージしやすいように工夫してみよう（**図 3.1**）。このようにして作成された地図を、階級区分図と呼ぶ。階級区分図は、任意の階級に区分された範囲を、同じ色やパターンで表現することによって、空間的パターンを把握する手段の一つである。

同じ基礎データを用いて、別の地図的表現法は可能だろうか。テレビや新聞の気象情報で、いつもお目にかかる気圧配置図で用いられている表現法は可能だろうか。同じ気圧の地点を結んで等圧線を描くことができるように、都道府県上に書かれた同じ数字を結ぶことによって、等値線を描くことができる。等値線は、値の高い所から低い所に連続的な傾斜があるという仮定で、ある県の値が5であり、別の県の値が3ならば、その間に4があるとみなしている。この等値線図を描くことによって、地域の好感度を地形の起伏のように表現することができるのである。

このように描いた地図から、パターンを発見することができる。**図 3.1** および **図 3.2** は、三重県在住の大学生であるAさんの描いた都道府県の好感度を示した地図である。この地図から、かなり明瞭な3つのパターンが発見できる。まず、地元の三重県や近接する府県の好感度が高いのに対して、東北や四国・九州など遠隔地は低い傾向がある。次に、東京、大阪、愛知、京都やそれにはさまれた都市的都道府県への好感度が高いのに対して、農村的性格の強い県では低い。第3に、遠隔地であっても、北海道と沖縄は高い。

パターンを発見したら、次に要因の説明、意味の解釈をしよう。あなたが発見したパターンはなぜ生まれたのか、その要因を考えてみよう。Aさんの場合、やはり自分の生まれ育った所は安心で、安らぐような感覚を持っているようだ。そして、ずっと都会に憧れ、大阪、京都や東京に就職したい。遠方のイメージは必ずしもよくないが、北海道は雄大なイメージを持ち、また沖縄には南国的な楽園のイメージがありぜひ訪れたいとのことだ。

このような地域に対するイメージには、人によって異なる部分とかなり共有される部分がある。グループの中で自分の描いた地図を見せ合い、説明しあってみよう。共通点はあるだろうか。自分特有のパターンは何だろうか。ある特定の空間に対するイメージの共通性はなぜ生まれてくるのか。歴史的なものだろうか、政治的なものだろうか、企業の戦略によるものだろうか、メディアによって形成されたものだろうか。このように、地図化したものを検討することが、文化地理研究に結びついていくのである。

2.地図に工夫を加えてみよう

地図が強力なツールであるのは、平面という二次元空間に、複数の関連する情報を重ね合わせて示すことができるという特性にもよる。**図3.3**は、研究所の分布を都道府県別に示したものである。この場合、階級区分図や等値線図ではなく、研究所の数を円の面積に比例させる表現法をとっている。円や正方形など、

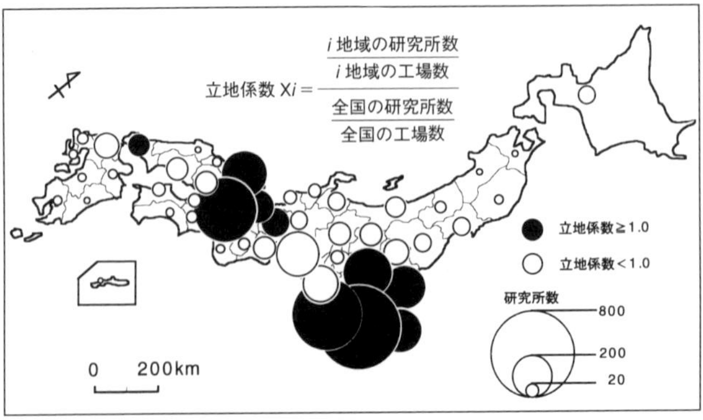

図3.3 日本における研究所の分布（1993年）
『全国試験研究機関名鑑 '93-'94』より作成。

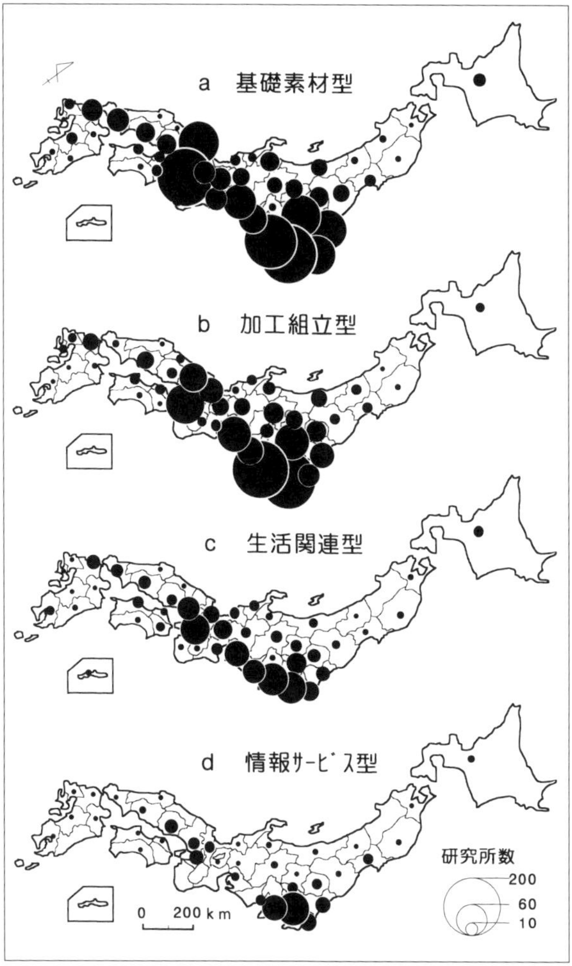

図 3.4 日本における業種別研究所の分布（1993 年）
『全国試験研究機関名鑑 '93-'94』より作成。

面積に比例させる方法は、地域によって大きな差異がある現象を地図化する上で効果的である。この地図からは、研究所が東京、神奈川を中心とした関東に最も多く、ついで大阪や兵庫を中心とした関西に集中している傾向が読み取れる。

同時に、**図 3.3** は、研究所の立地が、生産活動を行う工場の立地と比べて、どのような特徴を持つかを、立地係数という指標を用いて、同時に表現している。わかりやすく述べると、立地係数が 1 以上の場合には、生産活動に比べて研究活動が盛んな空間として表現されている。その結果、この地図には、研究所の数ばかりではなく、生産活動に比べた研究活動の相対的活発性をも同時に読み取れることとなる。研究活動は、関東や関西に盛んであるのに対して、愛知県や静岡県をはじめとした東海地方やその他の大部分の都道府県では、生産活動のほうが相対的に活発であることが明らかとなっている。

異なった種類の地図を重ねて表現することによって、さらに地域的特徴が明瞭に読み取れることがある。**図 3.4** は、研究所の分布を、業種別に並べて示したものである。いずれの研究所も、東京に多いという点では一致しているが、その集中の度合いは、研究開発や分析試験などを行う「情報サービス型」が27%と最も高く、一般機械、電気機械、精密機械などの「加工組立型」(18%)、化学、石油石炭、鉄鋼などの「基礎素材型」(14%)がそれに続いている。食料、飲料など「生活関連型」では、神奈川のほうが東京よりも多く、太平洋臨海地域における地域差は小さい。すなわち、情報サービスや研究開発・分析試験会社にとって、東京への立地が重要であるとみなされている状況の一端が、複数の地図の比較によって浮かび上がってくるのである。

このような複数の異なった種類の情報を重ね合わせることは、それ自体で強力な説明への手がかりを提供するものとなるために、地理学的研究ではよく用いられる方法である。

3.「関西」や「関東」を地図化してみよう

何を見ても「地図化できないか」と考える習慣を身に着けると、新たな世界が広がっていくだろう。周囲を見渡してみよう。地図化できる対象はないだろうか。めがねに地域差はあるか。ヘアスタイルは地図化できるだろうか。耳にしている音楽は地図化できるだろうか。結婚の仕方に地域差はあるか。着ているもの、住まい、自動車、植木、ことば、靴、趣味、好みの学問、サッカー……どれだけ発想を広げられるかによって、あなたがかかわることのできる文化地理の世界の広がりが決まっていく。

「関西」の範囲はどのように地図化できるのだろうか。もちろん、「関西」を地理の教科書で学ぶ「近畿地方」であるととらえる方法もあるだろう。しかし、三重県の中でも、愛知県に隣接する桑名市は「東海」としての性格が強く、奈良県に近い名張市には「関西」という意識が強く働いているようだ。どのようにしたら、「関西」の範囲を画定できるのだろうか。

結論から言うと、万人が納得できる空間画定法はない。しかし、だからと言って地域区分が不可能というわけでも、無意味というわけでもない。客観的な指標を組み合わせることによって、ある程度説得力のある地域設定ができこともある。

そのためには、まず、「関西らしさ」を表現する指標がないか、列挙することからはじめよう。関西弁が話される、納豆嫌いが多い、薄口

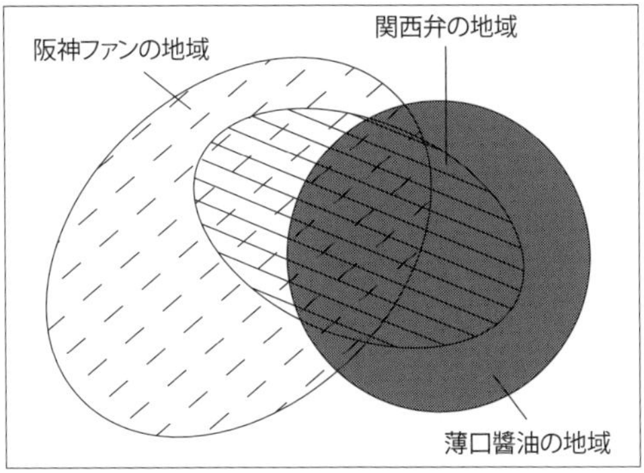

図 3.5「関西」の文化特性を表わす 3 つの指標の地域的広がり

しょうゆ消費割合が高い、阪神タイガースファンの割合が高い、など、様々な地図化できる要素が考えられるだろう。その中で、たとえば、「関西弁を話す割合 50％以上」「全しょうゆ消費量の中で薄口しょうゆの占める割合が 70％以上」「野球ファンの中で阪神タイガースファンの占める割合が 50％以上」などという指標を選んだとしよう。**図 3.5** のように、たとえすべての指標に対する正確な情報を得られたにしても、いずれの指標で画定した空間も、完全に重なることはほとんどない。しかし、複数の指標が重なる空間を中心として、それらの要素以外に関連する情報なども参考にしながら、ある程度の主観を交えて、「関西」地域の画定を行うという作業が一般的である。

では、「関東」についてはどうだろうか。**図 3.6** は、関東 1 都 6 県において、市町村別に「関東」の地域名が使われる事業所を、それぞれの市郡における全事業所に対する割合（‰:1000 分の 1）で表し、地図化したものである（正井・上田 1982）。その結果、東京を中心とした南部の大都市よりも、小山市、宇都宮市、渋川市、高崎市、土浦市など、いわゆる北関東の地方中規模都市で「関東」意識が特に強く出ていることが明らかになった。都道府県別に見ると、栃木が 4.44‰、群馬が 4.38‰と高く、茨城が 2.74‰、千葉が 2.08‰であるのに対して、神奈川では 1.82‰と低く、東京にいたっては 0.96‰と 1‰にも満たない。

この「関東」意識の分布をさらに詳細に分析するために、正井・上田は、事業所名に現われた東関東、西関東、南関東、北関東の分布を地図化した（**図 3.7**）。この地図から判断すると、東関東は千葉・茨城両県、北関東は栃木・群馬両県に多く見られるが、東京都には皆無に近い。西

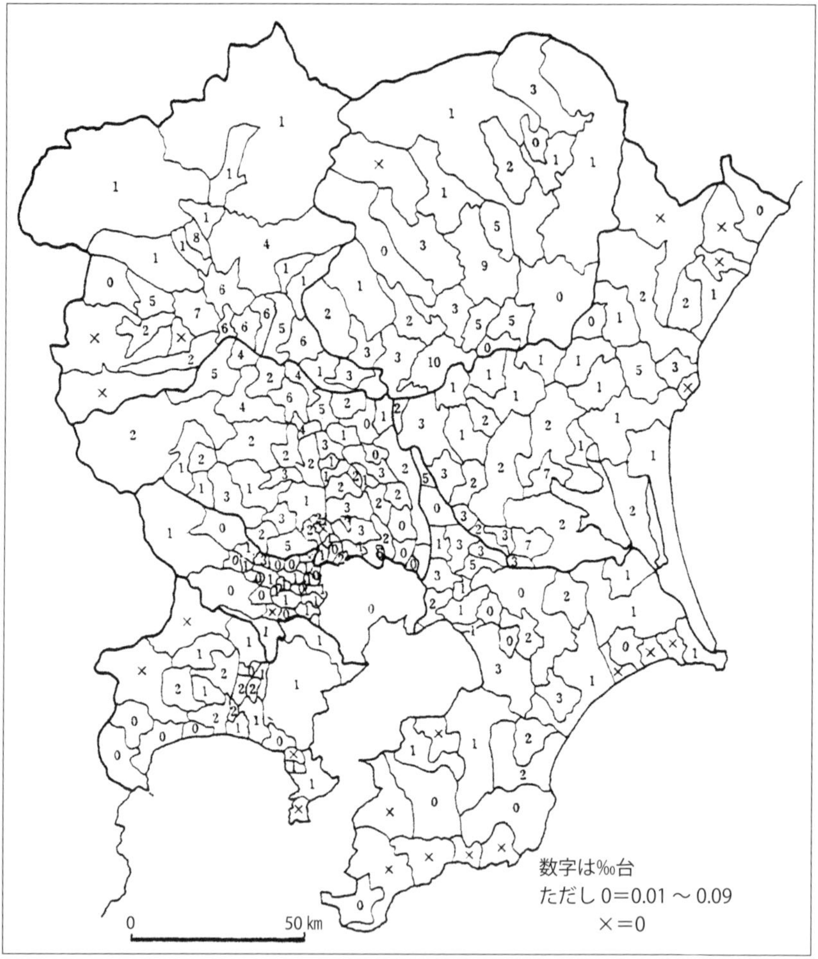

図 3.6　地域名「関東」の現れる頻度（‰：市郡別）　　正井・上田（1982）による。

関東や南関東には、若干東京が含まれるが、その数は少ない。すなわち、事業所名に「関東」を含める人々にとって、関東の東西南北は、東京を基点として画定されているようであるが、その基点となっている東京内では、「関東」の意識は希薄であるという結果となった。「関東」ということばにはいなか的なイメージが伴い、東京の人々にとっては、自らを「関東」と位置づけるよりも、「東京」と位置づけている実態の一部が、地図上に現われた事例といえよう。

　このように、様々な事例を空間的視点で分析するために、またある地

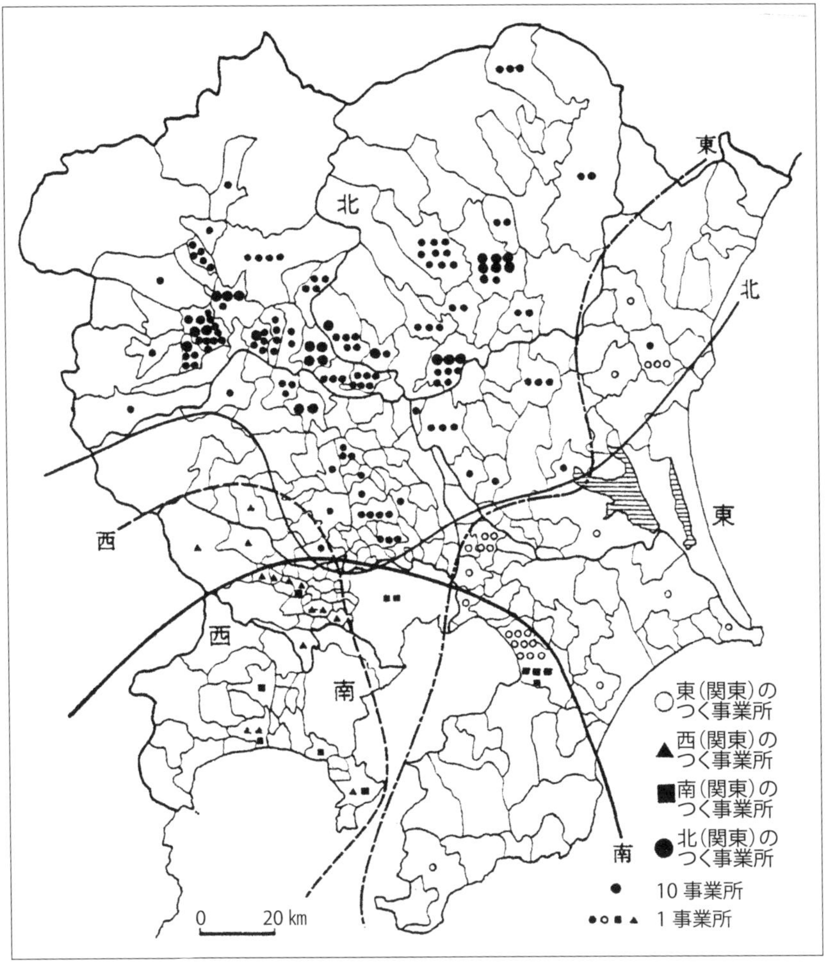

図 3.7 関東地方における東西南北の意識（事業所名に現われた東・西・南・北関東：市郡別） 正井・上田（1982）による。

域イメージを客観的な指標を用いて地理的に明示するうえで、地図は効果的な道具である。

考えてみよう

1. 都道府県白地図に好き嫌いを表す指標を書き入れて、階級区分図と等値線図を作ってみよう。他の人と比較して、共通点と差異を発見し、その理由を議論しよう。

2. 自分が購読している新聞で用いられている地図は、どのような空間的特徴を示したものか。パターンを発見し、説明してみよう。
3. なぜ東京では「関東」という事業所名が用いられないのか、教科書で書かれた以外の要因はないか、考えてみよう。

調べてみよう

日本政府観光局やJTB総合研究所などのウェブサイトを用いて、日本人渡航者が多い国を地図に書き出してみよう。どのような空間的な特徴があるだろうか。またなぜ多いのか理由を考えてみよう。

菅野峰明・安仁屋政武・高阪宏行（1987）『地理的情報の分析手法』古今書院。
中川 正（1996）「日本における民間研究所の立地パターン」『筑波大学人文地理学研究』20。
中川 正（2003）「地域研究の方法」村山祐司編『地域研究』朝倉書店。
正井泰夫・上田雅子（1982）「地域名（関東）の分布範囲」『地理』1982年7月増刊。

中川　正

コラム　等質地域、機能地域、認知地域

地表面の現象を空間的に把握するうえで、地理学は等質地域や機能地域という概念を用いることが多い。等質地域とは、1つないしは複数の特性を共有する地域のことをいう。ある地域にドイツ語を話す人が多く、別の地域にフランス語を母語とする人が多い場合には、「ドイツ語地域」や「フランス語地域」などという等質地域を設定できる。この場合、厳密な意味で内部が等質な空間を意味するのではない。地理学の前提は、同じ場所は存在しないことである。「等質」というのは、あくまで、いくつかの特性によって一般化して発見した空間のことである。

一方、機能地域とは、政治的、行政的、経済的、社会的、文化的に機能するように組織された領域のことである。ある市の住民は住民税を納めていると同時に、市から行政サービスを受けている。指定された場所に燃えるごみを出すと、市の廃棄物収拾車がそれを持っていく。それは、市という行政域の住民すべてに与えられるサービスである。すなわち、市は行政的な機能によって成り立っている機能地域としてとらえられる。しかし、機能地域はいつも行政域のように、明確な境界線を持った領域であるとは限らない。機能地域は、機能の中心である場所や

施設（結節点）と、その結節点と結びつく地点との線で表される方がより一般的である。たとえば、３階建てのアパートの１階に住む人が朝日新聞を、２階に住む人が読売新聞を、３階に住む人が毎日新聞を購読していたとすると、平面の地図で示せば同じ地点だが、それぞれ別の新聞購読機能地域に属していることになる。これらの新聞社は、本社を最高次の結節点とし、支社、販売店をより低次の結節点として、個々の顧客と結びつく階層的な機能地域を生み出している。

等質地域、機能地域に対して、人々が頭の中に持つ地域のことを認知地域として捕らえている。本文中における、都道府県の好き嫌いや、関東や関西に対する意識などは、いずれも、人々の認識の中に存在する空間である。

このように、空間的なパターンは、いろいろな現象を地図化して等質地域を発見したり、地域の結びつきを機能地域としてとらえたり、地域の主観的側面のパターンを認知地域として検討したりすることによって見出すことができる。

中川　正

第4章 視点としての環境

環境を視点として世の中の現象を見るとは、具体的にどのようなことなのだろうか。**図 4.1** および**図 4.2** は、2020 年における都道府県別りんごとみかんの収穫量を地図化したものである。この事例を用いて、環境を視点とした分析を実践してみよう。

1.環境決定論的な視点

この２つの地図から、日本ではりんごは冷涼な地域、みかんは温暖な地域で収穫できるという大まかな傾向が読み取れる。ここから、「気

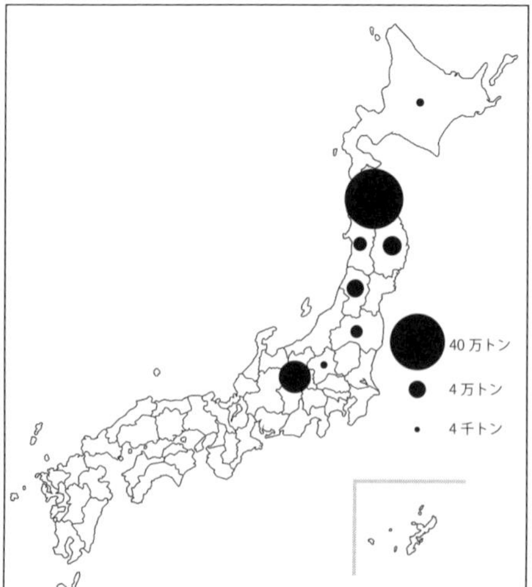

図 4.1 都道府県別りんご収穫量（2020 年）
注）収穫量が４千トン以上の都道府県のみ図示。

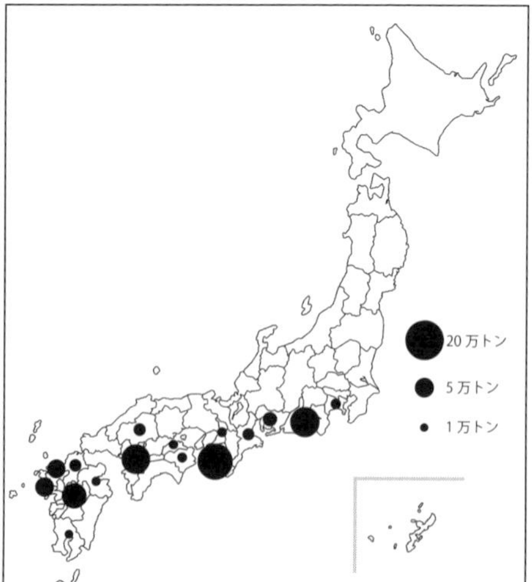

図 4.2 都道府県別みかん収穫量（2020 年）
注）収穫量が１万トン以上の都道府県のみ図示。

ともに農林水産省統計データより作成（https://www.maff.go.jp/j/tokei/kouhyou/sakumotu/sakkyou_kazyu/）。

候が果樹生産地を決定する」と結論づける立場は、しばしば環境決定論と呼ばれている。もちろん、気候条件は、果樹生産を左右する重要な要因であることは疑い得ないが、現在の文化地理学では、このような単純な決定論的な説明には慎重である。この考え方のどこに問題があるのだろうか。それは、2番目の視点である「環境可能論」を検討することによって見えてくるだろう。

2.環境可能論的な視点

環境可能論的な視点は、人間活動に及ぼす自然環境要因の重要性を認めているが、人間は単に環境に支配される存在ではなく、自然環境の制約の中で、自ら環境要素を選ぶ主体性を持っていることを強調している。この立場からりんごやみかんの生産を考えてみると、次のような自然環境の役割が見えてくる。

(1) 自然環境は人間活動を可能にしたり制約したりする条件となる

りんごやみかんを生産するためには、そのための気候条件を満たさなくてはならない。作物は、その自然環境が許す範囲内でのみ、生産できるのである。もちろん、品種改良を加えることによって、あるいは温室など人工的に造られた環境で栽培することによって、生産可能地域が広がることはあるが、その空間が環境によって限定されているという事実は変わらない。すなわち、環境条件は、人間活動を可能にしたり、制約したりする条件となるのである。

(2) 環境は人間活動を可能・制約する条件の一部である

とはいっても、りんごやみかんを栽培するためには、気候や土壌、地形、降水など、自然環境条件ばかりではなく、法律、資本、労働力、流通体制など、様々な政治、経済、社会条件も同時に満たされなければならない。人間の活動は、それらの多様な条件が満たされて、はじめて可能になるのである。自然環境条件は重要な要素ではあるが、それだけが唯一の条件となっているわけではない。

(3) 条件が満たされたからといって活動が行われるわけではない

では、りんごやみかんを生産するすべての条件が整ったとして、あなたはその活動をするだろうか。そもそも農業をしたいという願いがない限り、りんごやみかんを生産することはない。農業をしようとしても、ほかの作物を生産したいと思うことだってあるだろう。すなわち、環境は、特定の活動を行う願いが生まれたときにのみ意味を持つのであって、意思がないときには、それらは「条件」にもならないのである。この意味では、環境は人間活動を決定してはいないのである。

(4) 環境は機会を提供する

では、りんごやみかんを作りたいという願いの有無と、環境とは無関係かというと、そうではない。環境は人間に活動の機会を提供するのである。農業を行いたいという願いを持つとき、人は何ができるかを考えるだろう。そのときに、りんごやみかんの生産という選択肢は、環境の中にある。また、何ができるかを考えるときには、「気候、土壌、地形などの環境要素がそろっているので、りんごの生産をしよう」と考えるだろう。そのときには、それらの環境は、経済活動の機会とみなされているのである。

このように、環境可能論的視点は、単純な環境決定論的視点の問題点を浮き上がらせ、人間活動に対する環境の役割をより具体的にとらえる姿勢を教えている。しかし、この立場からの説明に対しては、不満を持つ人もいる。環境可能論者に「なぜりんごがこの地域で生産されているか」と聞いたならば、「それは環境条件や他の条件が、りんごの生産を可能にしているから」と答えるだろう。それだけの説明ならば、現状を見れば明らかだ。ではなぜ人々はその地域にりんごを生産する選択をしたのだろう。その選択に、環境がどのようにかかわっているのだろうか。より積極的な要因を求めたくなることは当然だろう。次に述べる環境認識論的な視点は、上記の (4) をさらに展開させたものである。

3.環境認識論的な視点

環境認識論は、人間が環境をどのように認識しているかを探究しようとする立場である。りんごやみかんの生産を行うためには、環境が機会を提供していると認識されなければならないことを環境可能論の項で述べたが、環境認識論的な視点は、その認識の実態としくみをより詳細に検討しようとするものである。

その地域の人々にとって、りんごを生産するということは、どのような意味を持つのだろうか。青森にとって、りんごは県を象徴する作物であり、農民ばかりではなく、行政担当者にとっても、観光業者にとっても、有益な機会であるとみなされている。もしそうだとするならば、りんご生産は、単に農業的な収益を上げる以上の意味を持つ活動であるとみなすことができるだろう。その実態を知るためには、りんごやその生産活動が、行政作成のパンフレットや、観光業者の案内、メディアなどで、どのように取り扱われてきたかを調べるとよいだろう。

そもそも、なぜ、同じ環境要素が人によって異なった意味を持つようになるのだろうか。私たちが環境情報を取り入れる方法は、五感（視覚、聴覚、嗅覚、味覚、触覚）を通してである。この五感には個人差はあるが、よく見えたり見えなかったり、よく聞こえたり聞こえなかったりする程度の差であって、質的な違いである場合は少ない。このような環境が異なった意味を持つのは、五感の差というよりも、意味づけの違いである。

意味づけの差は、文化的に異なった人間集団が語ることばによって生み出される場合がある。西という方角は、中国人にとっては白、インドネシア人にとっては黄、プエブロインディアンのケレス族におっては青、グレートプレーンズのオグララ・スー族にとっては黒であるとみなされている（トゥアン 1992）。なぜその色なのかに関して、必然性もなければ、合理的な説明もしにくい。ただ、彼らの世界観の中で、環境要素は独自に意味づけられ、言語を通して子孫に「あたりまえのもの」として受け継がれている。

しかし、環境の意味づけは、そのようにいつも親から学ぶ言語を通して構造化されたものだけとは限らない。青森を通過した台風が収穫間際のりんごに大打撃を与えたことがあった。この現実に直面して、大多数の農家が落胆した中、青森のある地域の農家は、その残ったりんごを「落ちないりんご」として、受験のお守りとして販売し、大きな収益を上げたことがあった。同じ環境を見て、人によって意味づけが異なり、その認識を他の人々にも伝達し、人々の既存概念を変えていくこともできるのである。

4. 環境改変という視点

りんごやみかんの栽培にかかわる環境要因を考える視点とは異なり、そのような生産活動を通して自然環境を改変していく人間の役割を考えるという視点もある。

そもそも、現在りんごやみかんを栽培している果樹園は、太古からそうだったわけではなく、人間が自然環境に手を加えて作り出した文化景観なのである。「なぜりんごやみかんを生産するのか」という疑問が人間の行為の解明を求めるものであるのに対して、環境改変者としての人間の役割を考える立場は、「なぜ地表面が現在のような姿をしているのか」という地表面の説明を求めているのである。

現在の地表面の姿を説明しようとするときに、人間の役割を無視することはできない。地球の気候を説明しようとするときには、何を考えなければならないだろうか。丸い地球が太陽から受けるエネルギーが緯度や地表面の状態（海か陸か）によって異なること、その結果生まれる気温差によって大気が移動すること、自転によって北半球と南半球では異なった風の流れが生まれることなど、まず物理的説明が求められるだろう。しかし、それに加えて、地球温暖化を生み出す温室効果ガスやオゾン層を破壊するフロンを排出する人間の役割も、無視できなくなっている。地形についても、基本的な構造は造山運動など地球物理的な働きによって生み出されたものではあっても、人間は、山を削り、海を埋め立て、川をせきとめ、湖を作って改変を加えている。植生にいたっては、まったく人間の手が加わっていない領域はかなり狭められてきているのである。

りんごやみかんは、自然環境の中にある素材を用いたものではあるが、人間が栽培化し、品種改良を加えたものである。現在、**図 4.1** や**図 4.2** のように生産されているということは、それだけの景観が人間の選択によって地表面上に生み出されていることを意味するのである。

環境改変を視点として研究をすると、人間が環境を改変している実態を発見し、その要因を説明・解釈するだけではなく、人間がどのように環境と共生すればよいかに関する応用の検討に進むことが多い。環境に働きかける人間の役割が大きいので、結果を考えることなしに環境改変を行うことは危険である。栽培する作物や果実を選択するときにも、環境に与える影響を考慮することが重要であると認識されるようになってきた。この視点から、環境負荷の現状を把握したうえで、今後農業への応用を探ることができるだろう。

考えてみよう

1. 次の現象は、環境決定論と環境可能論的な視点で見るとどのように説明できるだろうか。

あなたの住む地域の県民性／ビール工場の立地

2. 次の現象について、住む国や地域によって認識に差があるだろうか。

太陽／雪／雨／台風

3. あなたが環境を改変している事例はあるだろうか。

調べてみよう

従来は成功しなかった特定の自然条件の中での栽培が成功した例について、本やインターネットなどで調べてみよう。

トゥアン、イーフー（1992）『トポフィリア―人間と環境―』小野有五・阿部一訳、せりか書房

中川　正・森　正人

コラム　環境決定論

環境決定論的な研究は、20世紀初頭に大きな潮流となった。中でも、気候学者ハンチントンが1919年に出版した『気候と文明』は、世界の文明が人間にとって仕事の能率が上がる西ヨーロッパや北米中緯度地方で高く、能率が悪い熱帯地方で低いという対応関係を主張し、大きな反響を呼んだ。当時人気を博した地理学の研究は、気候や地形などの自然環境が人間の肉体や精神にいたるまで、かなりの影響を及ぼしているという主張をするものであった。

こうした潮流に対する警戒感から、フランスの環境可能論者やアメリカの文化地理学者は、環境論に偏った未成熟な一般化に基づいて学問を定義することはふさわしくないことを主張した。ほどなく環境論は表舞台から退くようになり、地理学界では、地域論や景観論などが議論の中心となった。環境決定論は「論破された」という主張がなされ、地理教育においても、環境決定論的な説明を避けるという了解がなされるようになった。

このような地理学界の動向に対して、1950年代にアメリカの文化地理学者ロストランドが興味深い２つの点を指摘した（Rostlund 1956）。

まず、環境影響研究が地理学研究の中心課題でないとの主張は、環境影響の存在を否定しているものではないということである。フランスのビダル・ドゥ・ラ・ブラーシュもアメリカのカール・サウアーも、環境影響の存在そのものを否定したことがないにもかかわらず、その弟子たちは環境決定論が「論破された」「打破された」という表現を用いているのである。

２つ目は、地理学者以外の人々は地理学が環境影響の学問であると根強く思い続けていることである。大学で環境決定論に対する警戒を教えても提出されたレポートには、自然環境が文化を決定するという内容のものが多い。当時図書館で最も貸し出しが多い図書はハンチントンをはじめとする決定論者のものである。さらに、「メガロポリス」ということばを生み出したことで有名な都市地理学者ゴットマンが『ヨーロッパの地理』という著書を出版したときには、広告には「有名な地理学者が大陸の自然環境の人間に対する影響を記した本」と書かれた。ゴットマンはそのような本を書いたわけではないにもかかわらずだ。すなわち、地理学者が「これが地理学である」と考えているものと、地理学者以外の人々が「地理学はこうであるにちがいない」と考えていることは異なるのである。

ロストランドは、上記の２つの問題点は、この時代の人々が決定論的な説明を求めていることから派生しているのではないかと述べた。学校での態度が悪いのは家庭環境が悪いからであり、犯罪者は子どものときの環境によって生み出され、経済環境が悪いと人々は共産主義になるという具合に、環境を原因として説明することが人々にアピールするのである。環境を原因とすることができるなら、環境に働きかけることにより社会を改善できるという希望が与えられる。

彼は、この環境決定論は地理学者によって考案されたのではなく、太古から実践されている魔術と同じ基礎を持つのではないかと論じている。未開社会では、環境に働きかける魔術師がいる。雨が降らないときや獲物が捕れないときには、魔術師が環境に働きかけることにより問題は解決したと人々は信じている。現代社会でも、環境を管理する専門家がいて、彼らはどのように環境に働きかけるかに関する処方箋を持っている。人間は環境の所産なので、環境を改善することができれば、私たちはより良い人間になれると、現代人は信じている。環境決定論は「20 世紀の魔術」なのである。

地理学界が環境決定論から離れても、魔術師を求める現代社会は、地理学が環境影響に関する学問であると思い続けてきた。その現状に対して、ロストランドは、地理学者が人間活動に与える環境の影響を見定める方法を真剣に求めてこなかったのではないかと述べている。

20 世紀後半からの地理学は、ロストランドの指摘に答えてきたのだろうか。環境認識に関する研究や人間が環境に与える影響に関する研究は大きな進歩を見せた。しかし、世の中が求めている魔術的役割に踏み込む議論には慎重であり続けている。教育環境の役割に関しての研究を進めてきた教育学、環境を変えれば社会が変わるという前提の下で応用研究を進めている社会工学、文化唯物論など急進的な環境決定論的説明理論を打ち出した文化人類学などの動きの中で、地理学が自然環境の役割に関してさらに議論を尽くす必要性があるだろう。

ハンチントン、E（1938）『気候と文明』間崎万里訳、岩波書店。
Rostlund, Erhard. 1956. Twentieth-Century magic, Landscape, 5.

中川　正

コラム　環境を改変する多様な観念

ホタルのいる風景を思い描いてみよう。それは静寂のなか幻のように点滅する光の風景であり、小川を水が流れる音があなたの頭のなかにかすかに響いているかもしれない。ホタルが生息する水は、あまりにきれいすぎるとホタルの幼虫が食べるエサがないので、ほどほどに濁っている方が良いという。

私たちは純粋無垢な存在ではなく、つねに「常識」という観念にとらわれている。ホタルという言葉を聞いたらきれいな水というイメージや、ある特定の風景が思い浮かぶように。そしてその特定の観念にとらわれていることに気づくことは難しい。

第 7 章では、岡山県下におけるはげ山がどのような社会状況のなかで形成されたか紹介している。はげ山は資本家による搾取において形成された「不正義の景観」である。しかし、岡山県下においては、はげ山はかならずしも不正義の景観ではなく、むしろ農民たちは山地をすすんではげ山にしていたことが分かってきた。私たちははげ山を環境破壊としてとらえがちであるが、これはいったいどういうことなのだろうか。皆見和彦と久武哲也の一連の研究から考えてみよう。

山に樹木を植えることで、土地の保水力が高まり山崩れを防ぐことができるという考えのもと、明治時代以降、政府は山地に積極的に植林を行い「保安林」を展開した。また、山地への植林により売買可能な資本としての木材も確保できた。国家というとても大きなレベルで、こうしたふたつの観念にもとづき、山林の管理が行われるようになったのである。

しかし、瀬戸内海に面した地域のように、年間を通して降雨量が少ない地域では、山地に樹木が茂っていると、それらの樹木に水分が吸収され、山地のふもとの村落では渇水が生じてしまう。だから、こうした地域の山の多くでは樹木を伐採し、草地とされていたという。しかし、明治時代以降、岡山県をたびたびおそう干ばつへの対応策は、かつてのような村落のレベルだけで打ち立てられなくなっていた。よって、その対応策は、日本というより広いスケールと時代状況に対応しながらのものとならざるをえない。

1913（大正2）年に岡山県をおそった干ばつにより、県下の各村落は渇水におちいった。このとき、村落は保安林《ほあんりん》の樹木を伐採すること（保安林の解除）を求める嘆願を行政に提出したが、実際に解除が認められた地域は少なかった。この時期、まだ山に植林することが水をためるのではなく枯渇させるという、後に林学の分野で「森林水源涸渇《こかつ》論」と呼ばれる、ローカルな観念は地元以外では一般的でなく、岡山県庁土木課の山本徳三郎《とくさぶろう》だけがそれを理解できた。彼は後に学会で森林水源涸渇論を主張していくことになる。

保安林解除が認められず、とりわけ貯水の機能が十分でないため池しか持たなかった県下の村落では、昼夜をとわず雨乞いの行事が行われた。しかも保安林解除に消極的な行政は、この雨乞いを積極的に推奨したのである（皆見・久武 2003）。

1924（大正13）年の干ばつにおいても保安林の解除要求を出した村落はあったが、その数はそれほど多くなかった。むしろ、岡山県農会は渇水による農作物への被害を積極的な造林で保障しようとした。まだ森林水源涸渇論が農民たちの「常識」の域を出ていない当時、保安林は水源を確保するものと行政や林学の学界では考えられていたのである。

こうした状況において農民たちは、地下水を汲み上げる揚水ポンプや発動機を購入することで水を確保したり、稲よりも少ない水分で育つソバ、ジャガイモなどの代用作を栽培したりすることで対応した。雨乞いも行われ、ある村落では雨乞いで効き目がないので、村民すべてが便所や井戸へ行くにもムシロを敷いて大地を踏まない、火で煮焼きした食物を禁止するなどの「苦行」を行った。それでも効き目がないので、地蔵を縄で縛って淵へ沈めるという行事まで行った。森林を伐採することが叶わず、渇水を切り抜ける手段が奪われた人びとの悲痛な願いが分かるだろう（皆見・久武 2004）。

1929（昭和 4）年の干ばつでも同じように保安林解除が実現せず、結果的に多くの村落で雨乞いが行われたが、1933（昭和 8）年の干ばつでは保安林の解除申請が 1000 件以上出される。実は、さきに紹介した山本徳三郎は、森林がかならずしも水源の確保につながらないという森林水源涸渇論を『森林と水源』（1925 年）において発表し、干ばつが生じた 1933 年の 5 月から『林学会雑誌』という雑誌で論争し、その主張が認められたのだった。農民たちの小さな常識は、学界と行政で正当性をやっと獲得したのである。そして、干ばつに対する人びとの対応策は保安林解除の申請へと向かったのだ。1933 年に確認できる雨乞いはたった 1 件しかない（皆見・久武 2000）。

しかし、第二次世界大戦中は燃料確保などの目的のために山地への植樹が積極的に行われた。この時期、1939（昭和 14）年と 1944（昭和 19）年の 2 回、干ばつに見まわれている。保安林解除が政治的に困難である状況を、人びとは稲の代用作物の栽培、発動機や揚水ポンプなどの機械による地下水の確保など多様な技術的対応を取ることで切り抜けた。ただし岡山県下のすべての村落が同じような技術的対応を見せたわけではなく、機械が十分ではない地域では、雨乞いなどの宗教的・儀礼的対応に依存するしかすべを持たなかった（皆見・久武 2001）。

注意したいのは、森林水源涸渇論が正しいことが認められても、岡山県下の村落においては樹木が茂った山地は、村落の格を表すとしてあえて植樹するものもあったことである。

このように、人間と環境とのかかわりは、たんに人間が自然を改変するということ以上のものである。それは、特定の社会的過程において、どのような自然の改変を人間が認めているのか、是とするのかということとも深く関わっている。私たちが思い浮かべるホタルの風景も樹木で覆われた風景も、それと無関係ではない。

皆見和彦・久武哲也（2000）「旱魃と保安林」『甲南大学紀要 文学編』117。
皆見和彦・久武哲也（2001）「戦時体制下における旱魃とその対応」『甲南大学紀要 文学編』124。
皆見和彦・久武哲也（2003）「日本における森林水源涸渇論の成立 2」『甲南大学紀要 文学編』134。
皆見和彦・久武哲也（2004）「大正 13 年の旱魃と森林水源涸渇論」『甲南大学紀要 文学編』139。

森　正人

第5章 視点としての景観

文化地理学の強みの一つは、視覚をはじめ、五感でとらえることのできる景観情報を、研究のきっかけにすることができることである。従来行われてきた研究を学び、どのような課題が残されているかを知ったうえで研究するという姿勢は、専門的な学問を行ううえで不可欠なものであるが、日常的に目にする現象を観察することから問題点を発見し、解決していこうとする姿勢は、学問の世界のみならず、どの分野の職業においても、求められる資質である。文化地理学は、そのような観察力と、学問的考察力の両者をともに磨きながら研究していくことができる分野である。

1.フィールドノートをつけよう

景観を手がかりとする研究の第一歩は、現地で観察した現象をフィールドノート（野外調査ノート）に記録することである。まず、小型のフィールドノートを準備しよう。はじめてフィールドノートを使う人には、厚手の表紙で、方眼の入った縦長のスケッチブックなどが適当だろう。表紙、および、表見返しに自分の名前と連絡先を書こう。ただし、住所や電話番号など個人情報などを知られたくない場合には、大学の研究室などの情報を書き入れるとよい。名前を書いて、そのフィールドノートが自分のオリジナルな作品だと自覚しよう。

フィールドノートの書き方は、いろいろとあるが、慣れるまでは次のようにするとよい。現地では、左右のページのうち、片側に観察や考察事項を記入し、もう一方のページは空欄にしておこう。そして、フィールドから戻った後に調べて明らかになった追加情報を、空欄となっているページに書くようにしよう。

フィールドノートを書く基本は、「他人が読んでもわかるように」書くことである。「帰ってからまとめればよい」と思っても、現地で殴り書きをした単語の意味がわからず、せっかく集めた情報が役に立たないことがある。少し面倒でも、現地で必要な事項をもらさず記入し、第三者が読んでもわかるように書く訓練が必要である。

フィールドノートに書く情報は、5W1Hである。いつ（When）、どこで（Where）、だれが（Who）、何を（What）、どのように（How）、なぜ（Why）、を満たすようにする。ただし、誰が観察したのか（Who）に関しては、自分であることが多いので、特別な場合を除いて省略してもかまわない。地理学においては、どこで（Where）が問題発見の鍵となる場合があるので、記載を省かないようにしよう。

フィールドノートへの観察記録自体が研究である、という意識を持つならば、観察内容を文化地理研究に結びつけることが容易となる。「発見」の前提は現象の的確な把握である。いつ、どこで、何を、どのように観察したのかは、その現象に潜むパターンや問題点の発見と結びつくのである。一方、説明や解釈は、「なぜ」という疑問から生まれる。現地で疑問に思ったことに対する答えを見出すことは困難であるが、いくつもの仮説を立てることは可能であろう。仮説が生まれるならば、仮説を実証するために何を調査すればよいかが明らかになる場合が多いのである。

そのようにして、現地でまとめた記録を、戻ってきてから仕上げよう。空欄となっている左ページを用いて、その日の旅程を書いたり、地図を貼り付けたり、図書やウェブサイトから調べた追加情報を書いたり、仮説を実証できるデータを加えたりすることができる。さらに、フィールドノートの最初のページに目次をつけ、最後の数ページには、五十音順のインデックスを加えておくと、そのフィールドノートはいつまでも使える情報源となるであろう。

2.フィールドノートから文化地理研究へ

このようなフィールドノート作成は、どのように文化地理研究へと結びつくのだろうか。学生たちと実施した、X島での野外実習での事例を紹介しよう。X島は人口が500余り、周囲が4kmの小島である。島の就業者数の50%は漁業に従事しており、農業はわずかである。島は小説や映画の舞台として知られている。

初日、フェリーを降り、宿泊所に荷物を預け、午前11時ごろからゆっくりと島を一周して、観察を行った。地図を片手に、漁港を眺め、人物の像を見つければ、島民に「誰の像ですか。」と聞いてみる。山の斜面に密集した家々の間を歩き、高台の神社にのぼって、そこに置かれている祭具を見る。海岸線を歩いて灯台で伊勢湾を眺めながら昼食。小説や映画の舞台となった建物を見て、小学校の近くの海岸を歩いた。坂道を歩きながら「おじいさん、おばあさんたちは大変だね。」とか、「小学生たちは結構山道を歩いて登校するんだね。風の強い日はどうするんだろう。」などと話し合う。

このように、いろいろと疑問を持ち、話しながら意識化していく作業は、私たちが普段から行っていることである。そのような観察を、さらに、意識化する作業がフィールドノートへの記録である。2時間あまりかけて一周した後、個人またはグループで、関心を持った地域に出かけて、観察を記録する時間を持った。

夕食後、集まって観察したことを話し合う。同じ島の景観を見ていても、人によって着目点が異なることに驚く。ある学生は子どもが少なく高齢者が多いことに注目し、別の学生は犬がほとんどいないことに気づく。ヘルメットをかぶらずにバイクに乗っている光景に驚く者、神社の祭具が面白いと思う者、観光と漁業がどのように共存しているのだろうか疑問を持つ者もいる。異なった関心を共有するときに、新しい知見を得ることができる。学問の喜びは、このような日常的な体験をさらに高度なものに昇華させたものなのだ。

このような各自の発見を意識化させ、翌日さらに調査を進めるために、それぞれ発見したことを小さなラベルに記入し、床に並べてそれぞれの項目の関連性を予備的に探った（コラム「KJ法」参照→28頁）。彼らが関心を持った領域は、地形、海、潮風といった自然環境、高齢者率が高いこと、治安に関すること、観光に関すること、宗教に関することなどであった。1日の観察で得られた漠然とした島のイメージがある程度意識化されたが、漠然としたイメージを実際に確認する作業は、大学に戻るまでには行わなければならない。「果たして本当に犬は少ないのか。」「医者は本当にいないのか。」「治安はよいのか。」など、島民に聞いて確認しなければならないことが、その日のうちにある程度明らかになり、翌日には、各自ある程度明確な目的を持って、調査を行うことができた。

大学に戻り、学生たちは自分たちの発見したことに、説明や解釈を加えて報告するようにという課題に取り組んだ。その結果、以下のような報告が出てきた。

発見 1.　X 島では高齢化、少子化が進んでいる

市の統計から、高齢者の割合が 2000 年には 34%であったが、2005 年には 39%に増加したことが明らかになった。2000 年における 15 歳未満人口率は 12%であり、調査当時、小中学校合わせて生徒数は 32 名に過ぎなかった。

■説明・解釈

漁業以外に目立った産業がなく、就業者総数 240 のうち、120 が漁業である。学校を卒業したら島外に職場を見出さなければならない人が多い。

発見 2.　X 島では交通規則が有名無実である

島で見る車は自転車、原動機付自転車、軽トラックがほとんどで、ナンバーなしのトラックもあった。ヘルメット無装着、2 人乗りなどもあり、道路標識や横断歩道はほとんどない。

■説明・解釈

拘束するもの（警察や道路標識など）がないうえに、道が狭く、スピードも出せない。また交通量が少ない。島民によると、交通事故が長年起きていないために、交通ルール自体が風化してしまう。

発見 3.　X 島では犯罪に無警戒である

交番がなく、原動機付自転車の鍵は付けっ放し、家の鍵も開けっ放し

である。

■説明・解釈

住民によると、犯罪自体80年以上起きておらず、島では交番は必要がない。もし泥棒が出たとしても、1日の船の本数は限られているので、逃げるのは不可能だろう。

発見4.　X島には診療機関が少ない

病院はなく、医者は一人いる。島民は風邪や軽いケガなどを診てもらっている。

■説明・解釈

人口が少ないので病院の採算が取れない。重い病やひどいケガの場合は市にある大きな病院に船に乗っていくことができる。

発見5.　宗教的要素が多く残っている

注連縄《しめなわ》が多く残っている。飼い犬が少ない。海の神を祀っている。

■説明・解釈

漁業を中心とした生業であるために、海の神を祀り、この海の神は犬を嫌うという言い伝えがあるので犬が少ない。

発見6.　観光地でありながら島全体で観光化に取り組んでいるとはいえない

島に見られる小説にまつわるパネルやモニュメントは、ほとんど行政によって設置されたものであるが、住民が主体となった観光地化の取り組みは多いとはいえない。

■説明・解釈

X島を訪れる観光客の半数は釣り目的であり、必ずしも小説や映画のゆかりの地をめぐることが主流ではない。漁業者はX島を観光地として意識しているわけではない。また、宿泊施設の経営者の平均年齢は65歳であり、9つの宿泊施設のうち3つだけに後継者がいる。宿泊収容人数や受け入れ側の労力には限度があるために、一度に多くの客の対応をすることができず、宿泊業従事者も、積極的な観光客誘致に躊躇することがある。

これらの考察は、限られた時間内でのものであるために、論拠が十分ではなかったり、事実確認や要因分析が誤っていたりする場合もあるが、発見から説明・解釈へと考察を進める、文化地理研究の第一歩を踏み出していることは確かであろう。より厳密に現象をとらえ、説得力のある議論を展開したいという願いが生まれれば、文化地理学の提供する概念や手法を生きた知識として吸収することができるだろう。

3.地図から景観要素を抜き出してみよう

景観情報は、観察以外からでも得ることができる。地図から様々な景観にかかわる要素を抜き出すことによって、文化地理の研究を行うことができる。とくに、観察を行いにくい広い空間を対象とするとき、訪れることのできない地域の研究をするとき、過去の景観を分析したいときなど、地図は有効な情報源となる。

私は、アメリカのルイジアナ州立大学に留学したときに、大学院生として、地図図書館で働く機会を得た。アメリカで発行されてきた様々な地図を目にするたびに、心を躍らせたものだ。私を特に魅了したのは、サンボーン地図会社作成の、建築物実況図であった。ルイジアナ州にあるほとんどの都市の600分の1ないしは1、200分の1の大縮尺市街図が、19世紀にもさかのぼり、数年ごとにそろっているのである。地図は、街路、ブロック、宅地区画、建築物、鉄道路線などが描かれているだけではなく、各々の建築物の材質、用途、高さ、形などが詳細に描かれていて、眺めているだけで、当時の都市の景観が浮かび上がってくるようだった。

当時履修していた「アメリカ南部の地理」の授業で、自由研究に基づくレポート提出を求められたとき、真っ先に思い浮かんだ情報源が、このサンボーン地図であった。ルイジアナ州都バトンルージュの1923年作成の地図から当時の景観を復元し、そこから研究課題を見つけ出そうと思った。

(1) 発見

バトンルージュは、ミシシッピ川東岸の台地上に立地し、1920年当時の人口は21,782人、そのうち、黒人は8,560人（39.3%）であった。都市はおおよそ格子状の街路パターンを示し、川と垂直に伸びているメインストリートとフロリダストリートが東西を走る重要な街路であった。

誰にでも容易にできる作業が、地図から抜き出した景観要素の分布図を作ることである。私は、木造の建物が多い南部において、石・コンクリート・レンガ造りの建物を地図上に示したところ、川沿いの中心街（CBD：Central Business District：業務中心地区）に多く分布することが明らかになった（**図5.1**）。2階建て以上の建物の分布も同様であった。さらに、建物の大きさをブロック別に表示すると、やはり中心街に大きな建物が分布していた。建物の用途と重ね合わせて、景観から導き出された都市の状況を図示したものが**図5.2**である。すなわち、商業施設や公共施設は中心街に、工業地区はミシシッピ川沿いの南部にある。住宅は、商業・公共・工業地区を取り囲む形態で大きく広がっているが、中心街を囲んで同心円状に、高級住宅地区が内側に、低級住宅地区が外側に位置している。この高級住宅地区は、建物の面積が大きく、石・コンクリート・レンガ造りが多く、2階建ての割合が高い。一方、低級住宅地区には、面積が小さな木造平屋建てが並んでいる。

(2) 説明・解釈

地図から景観要素を抜き出して、それを空間的パターンとしてとらえるだけでも、地理的な意義はあるが、その要因を分析するためには、社会科学で構築されてきた理論的な知識が大いに役立つ。

都市地理学においては、都市の内部構造理論の代表的なものの一つに、同心円理論がある。同心円理論は、CBD付近には低所得者層が住み、郊外に向けてCBDから離れるにつれて、住民の所得水準が高くなっていくという観察から生まれたモデルである（**図5.3**）。この理論では、富裕な人々が、都心の劣悪な住環境から離れていくプロセスを重視している。

この理論の中で、同心円理論とバトンルージュの都市構造との差異に疑問が生まれてくる。もし、同心円理論に働くプロセスが都市の内部構

図 5.1 石・コンクリート・レンガ造りの建築物の分布
中川（1989）による。

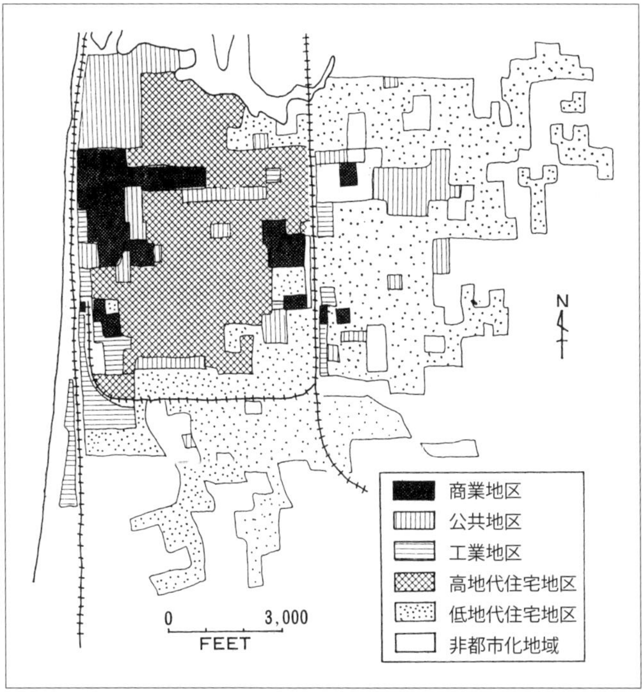

図 5.2 1923 年におけるバトンルージュの都市構造 中川（1989）による。

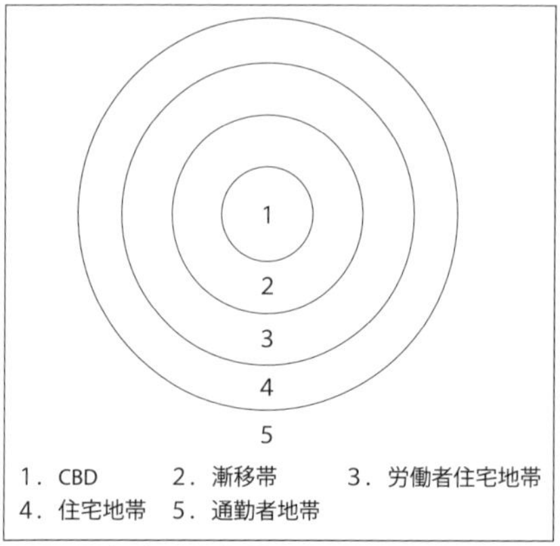

図 5.3　都市の内部構造に関する同心円理論
Burgess（1925）による。

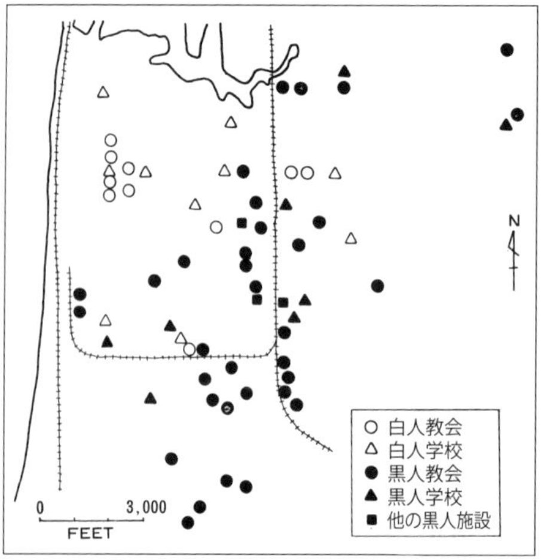

図 5.4　バトンルージュにおける白人・黒人施設の分布　中川（1989）による。

造に反映するとなると、CBD に近い領域が低所得者層の住宅にならなければならないのに、なぜそこが高所得者層の住宅空間になっているのだろうか。バトンルージュには、内部構造を形成する別の要因が関与しているのではないかと仮定することが可能になる。

それで私は、1920 年代の南部都市として、アメリカの他地域と比べたバトンルージュの特徴はどこにあるのかを考えた。そのとき、黒人人口率が高いという状況が思い浮かんだ。同心円理論は、1920 年代のシカゴをモデルとして、社会学者バージェスによって作られたモデルであるが、南部のバトンルージュには、それとは異なった人種構成があったのである。そこで、人種別の居住空間を知る手がかりとして、サンボーン地図から教会や学校など、人種別に特定されていた施設を抜き出し、それを分布図として表現すると、都市の中心部に白人が、それを取り囲むようにして周辺部に黒人が居住していた模様が浮かび上がってきた（**図 5.4**）。すなわち、元来白人が多かった都市に、奴隷解放後黒人が流入し、周囲に居住するようになったために、このような反同心円的な構造が生まれたという説明がなりたつのではないかと判断した。

（3）応用

この研究から 1923 年におけるバトンルージュの都市内部構造に、人種的要因が強く反映していることが確認されたが、この結果と同心円理論との矛盾をどのように批判的に解釈し、応用することができるだろうか。

1920年代から1940年代前半にかけて、バージェスの同心円理論に対する批判論文が多くあったが、人種的な観点からの批判は希薄であった。多核心理論を提示したホイトは、南部をも含む142都市の分析を行っていたが、人種的な考察は少なかった。このことは、アメリカの白人の地理学者たちにとって、白人がいかなる場所においてもマジョリティであるはずだという暗黙の思い込みがあったからではないかと考えられる。人種や民族が主要な分析対象となったのは公民権運動が活発となった1960年前後からであることを考えると、社会的にある要素が注目を浴びるまでは、研究者であってもなかなか意識に上らないことがあることが明らかである。

今、私たちの目に映っていることであっても、意識化できない領域があるのではないだろうかと、絶えず疑ってみる姿勢が必要である。見えない領域を可視化するのは、言語化された概念である。学問を学ぶ一つの理由は、学者たちが必死になって見つけ出してきたそのような視点を獲得することによって、それまで見えなかった現象を見えるようにし、見えなかった要因を描き出し、見えなかった意味を浮かび上がらせることができるようになるためである。

景観観察を実践する過程で、肉眼での観察力とともに、概念を用いた分析力をも伸ばしていこう。

考えてみよう

1. 大学の構内、もしくは自宅周辺を観察し、フィールドノートに記録しよう。記録した内容を、グループ内で報告して議論しよう。
2. ある概念を学んだために、それまで気づかなかった現象に気づくようになった経験がないか、話し合ってみよう。

調べてみよう

今昔《こんじゃく》マップを用いて、都市や村の景観的変化を調べよう。同一の場所の複数の地図において、どのような施設や建造物があるのか、変化したのか。都市や村の空間的範囲がどのように変化しているのか、気づいたことを書き出し、理由も考えてみよう。

中川 正（1989）「1923年におけるルイジアナ州バトンルージュの都市構造」『歴史地理学』147。
中川 正（2003）「地域研究の方法」村山祐司編『地域研究』朝倉書店。
Burgess, W. E. (1925): The growth of the city, *The City*, ed. By Robert E. Park et al., University of Chicago Press, pp. 47-62. 大道安次郎・倉田和四生訳（1972）『都市―人間生態学とコミュニティ論』鹿島出版会。

中川　正

コラム 文化超有機体説と文化景観研究の課題

文化地理学において、文化景観が中心的研究テーマの一つと位置づけたのは、アメリカの文化地理学の祖であるカール・サウアー（1889-1975）である。1925年に発表した「景観の形態学」という論文で、サウアーは、景観を、人間の手の加わっていない自然景観と、手の加わった文化景観に分けた（Sauer 1925）。そして、文化景観は自然景観に文化が働きかけた結果形成されるというモデルを提唱した（図5.5）。

このサウアーのモデルは、文化景観に関する多様な研究を促進した。家屋、納屋、集落形態、フェンス、橋、墓地など、多様な文化景観要素の地図化が積極的に行われるようになり、それらの地域差は文化という要因によって説明された。すなわち、景観の地域差は文化の地域差であり、景観の時代的変化は文化の変化であり、景観の集団による差異は集団の文化の差異だとされたのである。

このような文化景観研究は、1980年代になって強烈な批判を受けるようになった。その急先鋒であったジェームズ・ダンカンは、「アメリカ文化地理学における超有機体説」という論文において、サウアーが根拠としている文化概念は、個人を超えたところに存在し、人間を文化を運ぶ受動的な動物としてのみとらえたものであると指摘した（Duncan 1980）。ダンカンによると、サウアーの文化理論は、サウアーと同時代の文化人類学者アルフレッド・クローバーの文化超有機体説によるものである。

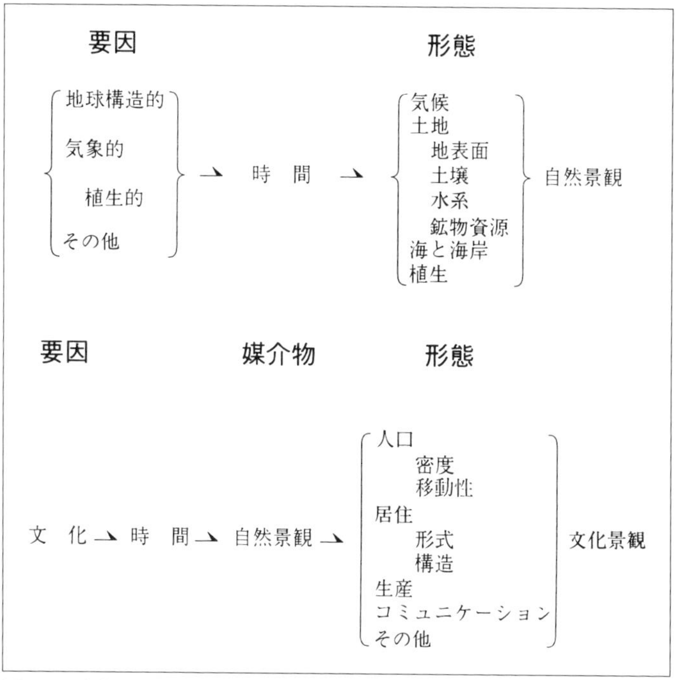

図 5.5　サウアーによる景観形成モデル
Sauer（1925）による。

クローバーは、現実をいくつかのレベルに分けて考えた。現実世界の底辺には無機体レベルがあり、その上に有機体レベル、心理レベル、そして最上部に文化レベルがあるとする。文化は他のすべてのレベルのうえに存在する「超有機体」であるために、文化を他のレベルで説明してはならず、文化は文化で説明しなければならないというのである。ダンカンは、この超有機体説は、いかなる経験的データによっても証明されえないうえに、血肉を持った個々の人間の行為の重要性を認める常識的判断に反すると主張した。

さらにダンカンは景観を読まれるべき「テクスト」と捉えた。景観は私たちの考えを特定の方向へと導く役割を果たしているのに、社会で自明視されていて疑うことが難しいということである。彼は、スリランカにかつて存在したキャンディ王国の景観を権力や社会の支配というキーワードのもとに解釈する研究方法を提示している（Duncan 1991）。

イギリスのデニス・コスグローヴとステファン・ダニエルズは景観を単なる対象ではなく、それを特定の階級による「ものの見方」と捉えた。特定の階級の「ものの見方」ということは、それ以外の人びとのものの見方は排除されていることになる。こうして特定のものの見方が投影された風景画や地図も積極的に文化景観の研究に取り入れられていった（コスグローブ・ダニエルス 2001）。

このように文化景観の研究は、その分布を通してある文化領域を発見することから、それが持つ意味や特定の観念（イデオロギー）の解釈へと向かった。イデオロギーとは、特定の立場の人が、自分たちの利益になるように作った物の考え方の規則で、通常、それは他の人々にとっても「当たり前」で「自然」なものとして頭の中にインプットされているので、疑うことが難しいものである。ものごとの解釈は中立的なものでは決してなく、つねに解釈者の特定の社会的立場からのものである。景観の解釈や価値、つまり象徴的な景観や美しい景観というものもイデオロギーであり、意味論的アプローチはこうしたことを暴き出すものである。

文化景観の新たな研究は、その後、さらに推し進められている。たとえば文化地理学者のドン・ミッチェルは、景観は単なるモノではないし、その景観がどのような権力の象徴なのかを明らかにするだけでも不十分だとする。彼は社会的諸関係の中で景観が創られ、しかも社会的支配のための装置として作用し、特定の意味や価値をさらに作り出したり循環させたりするという（ミッチェル 2006）。景観が作られる社会的諸関係（資本循環、人種、権力、ジェンダーなど）を徹底的に明らかにすることが、文化地理学者には必要となっている。

コスグローブ、D.・ダニエルス、S.（2001）『風景の図像学』千田 稔・内田忠賢監訳、地人書房。

ミッチェル、D. 森 正人訳（2006）「文化景観―それはただの景観かそれとも正義の景観か？―」『地理科学』61-1。

Duncan, James S. (1980) The superorganic in American cultural geography, Annals of the Association of American Geographers 70.

Duncan, James S. (1991) *The city as text*, Cambridge University Press.

Sauer, Carl O. (1925) The morphology of landscape, University of California Publications in Geography 2-2.

中川　正・森　正人

第2部
文化地理学の実践

第6章　言語の文化地理学

1.言語と空間・環境・景観

口から発することばは、物理的に考えると一瞬の空気の振動にすぎず、目に見えるものでもなければ、比較的長い間地表面上に残るものとも思われない。はたしてこのような現象が地理学の対象になるのかという疑問は、当然浮かんでくるだろう。しかし、言語は地理的側面を持つばかりではなく、地表面に生まれた文化・社会現象の本質的な領域に密接にかかわっているのである。

(1) 空間

世界を旅行すると、まったく異なった言語に出くわす。どこでどのような言語が話されているのか、それを地図化するだけで、言語の空間的な広がりが明瞭になる。

言語の分布は様々な政治的支配の過程を現していることがある。アフリカ大陸やアメリカ大陸で公用語となっている言語には、かつてその地を支配したヨーロッパ列強のものである場合が多い。空間を支配する一つの強力な手段は、言語を支配することである。たとえばトルコでは、クルド語やアラビア語を話す少数民族が、彼らの言語や文字を使って意志を表明することを許されていない。一方、言語を通して支配を拒み、自らを主張する場合もある。フランス系住民が多いカナダのケベック州では、英語の看板や標識をなくそうとする試みが何度も繰り返されてきた。

地名は、地域や場所につけられた名称であり、言語の空間的側面（または空間の言語的側面）を示すもう一つの重要な要素である。

地名を聞くだけで、その土地の状況が思い浮かぶことがある。川、山、丘、浜、岬など自然環境を示すもの、田、畑、荘、市、座など産業を示すもの、山王、神明、八幡、天満など宗教を示すもの、長谷部、日下部、春日部など人名を示すものなど、その場所の成り立ちを推定できる地名は多い。地名はその場所の特徴を知る手がかりとなり得るのである。

しかし、地名に込められた意味は一様ではない。合併前の市町村名を組み合わせて新しい名前がつけられる場合や、時代の流行にあわせた地名がつけられる場合もある。工業団地や住宅地造成に伴い、行政体や企業が一方的につける地名もある。ただ、その場合であっても、地名が住民に受け入れられなければ実現しないこともある。2006年3月末を期限とした「平成の大合併」と呼ばれる市町村の統合では、新しい市や町の名称を巡って議論が紛糾したケースが頻発した。たとえば、愛知県知多半島南部の美浜町と南知多町の合併協議会は、2005年1月に新市の名称を、同年3月開港予定の中部国際空港の愛称「セントレア」にちなんで、「南セントレア市」とすることに決定したが、住民から猛反発が起こり、2月の住民投票の結果、大差で否決された。

地名が場所の性格を現すようにつけられる場合もあれば、逆に地名が場所のイメージを生み出す場合もある。たとえば、長野県の白馬（はくば）と聞くと、白い馬のイメージを思い浮かべがちだが、かつて、その地名は「代馬《しろうま》」だった（谷川 2002: 57）。山肌から雪が消え始め、山肌に黒い馬のような形が現れるとき、代《しろ》掻《か》き（田面を平らにする作業）を行ったというので、「代馬」と呼ばれたのである。その「代馬」の「しろ」が「白」に変化して「白馬」と記されるようになり、「はくば」と呼ばれるようになった。すると、その白い馬がその地域のイメージとなり、観光客をひきつけるようになったのである。このように、地名と場所は歴史を通じて相互に作用する。

(2) 環境

言語と環境も、多様な関係を持っている。言語は、多言語と交わるときに、その性質を失ったり、力のある集団の言語に置き換えられたりすることがあるが、地形などの障壁によって守られている場合がある。たとえば、ユーラシアの中央部を走るコーカサス山脈と付近の山脈には、多様な民族や言語が共存している。同様に、アルプス、ヒマラヤ、メキシコ高地も言語の様々な言語を隔離する働きをしており、アメリカインディアンの言語、ケチュア語は、南アメリカのアンデス山脈に守られている。アメリカのロッキー山脈中のニューメキシコ州北部には、スペイン語の古い形態が生き残っているが、これは、1900年代初期まで孤立状態が続いていたためであった。

同様に、日本国内の方言においても、言語と地形領域が一致する場合がある。三重県伊勢地方では、鍛冶峠、切原峠、剣峠がつくる山稜が南の海岸線に迫っているが、グロータースが1974年に調査したところ、この3つの峠を結ぶ地理的な線と、いくつかの方言が語られる境界線が一致することが明らかになった（グロータース 1976）。

自然環境に由来する地名も、言語の環境がかかわる側面である。山、丘、野、谷、池、川など、地形を示す地名は日常的に耳にするが、日、風、雨、雷、雪、霧、雲など、気候がかかわる地名も多い。日和山《ひよりやま》もその地名のひとつである。日和山は、回船が出入りした港の近くにあり、船頭たちが船宿の人と天気を予測するために訪れる展望のよい小山であり、江戸時代初期から明治初期までその機能を発揮したという（吉野 2001）。

(3) 景観

外国に行くと、日本語の看板や広告などが消え、その地域の言葉が目に付くようになる。それがアルファベットや漢字ならば、一般の日本人はある程度検討をつけることができるが、アラブ諸国に入ったときには、まったく見慣れぬ文字の中で途方にくれることもある。言語は景観に現れ、私たちの目に飛び込んでくる。

このような文字景観は、単にある情報を伝達するという以上に、その文字を通して象徴的なメッセージを送る役割を果たすことがある。マクドナルドのゴールデンアーチ、吉野家のマーク、“Lawson”と書かれたコンビニエンスストアのロゴなどは、文字景観を見るだけで特定の店を自動的に連想させるように意図された象徴である。また、アメリカ西海岸のハリウッドに行くと、ハリウッドの背面に大きく“HOLLYWOOD”と記された山が目に入り、それがハリウッドを象徴する景観となっている。京都の東山如意ヶ嶽《にょいがたけ》に「大」の文字をかたどった火が灯される。この大文字送り火は、精霊《しょうりょう》送りの意味を持つ盆行事の一つであるが、京都という場所（空間）、盆という季節（時間）を象徴するものである。

あなたが日常的に目にする文字景観にどのようなものがあるだろうか。それはどのような象徴的意味を持つものだろうか。

2. 言語の文化地理学実践

(1) 全国アホバカ分布

■発見

テレビ番組の中には、視聴者とともに文化現象のパターンを発見しようとするものがある。その一つが、1988年に始まった朝日放送系列の「探偵！ ナイトスクープ」である。夫婦喧嘩をするときに、大阪生まれの夫が「アホ」と言うのに、東京出身の妻は「バカ」と言うので、不思議に思ったという視聴者から、この「アホ」と「バカ」の境界線を調べてほしいという要望が寄せられた。そのことが、全国の市町村の教育委員会にアンケートを実施するという本格的な調査に発展した模様が、同番組プロデューサーである松本修氏の著作『全国アホバカ分布考―はるかなる言葉の旅路―』（太田出版、1993年）に克明に記されている。その結果完成した図から、いくつか代表的な語を抽出した地図が**図 6.1** である。

この地図から、どのようなパターンが発見できるだろうか。まず、「アホ」という語が近畿地方を中心に分布しているのに対して、「バカ」は近畿以外の全国に広く分布している。必ずしも、東が「バカ」で西が「アホ」というわけではなく、「アホ」をはさむ形で「バカ」が東にも西にも分布しているのである。しかし、興味深い現象はそれだけではない。中部地方の愛知や岐阜を中心に分布している「タワケ」が西の山口県や大分県にも分布し、「ホンジナシ」は東北地方と南九州に分布している。さらに、「ダラ」は富山県、石川県、鳥取県を中心とする日本海側に分布している。すなわち、近畿地方の「バカ」を挟むようにして、東西に「タワケ」「ホンジナシ」「バカ」が分布し、日本海側に押し出されるように「ダラ」が分布しているのである。この空間的なパターンはどのよ

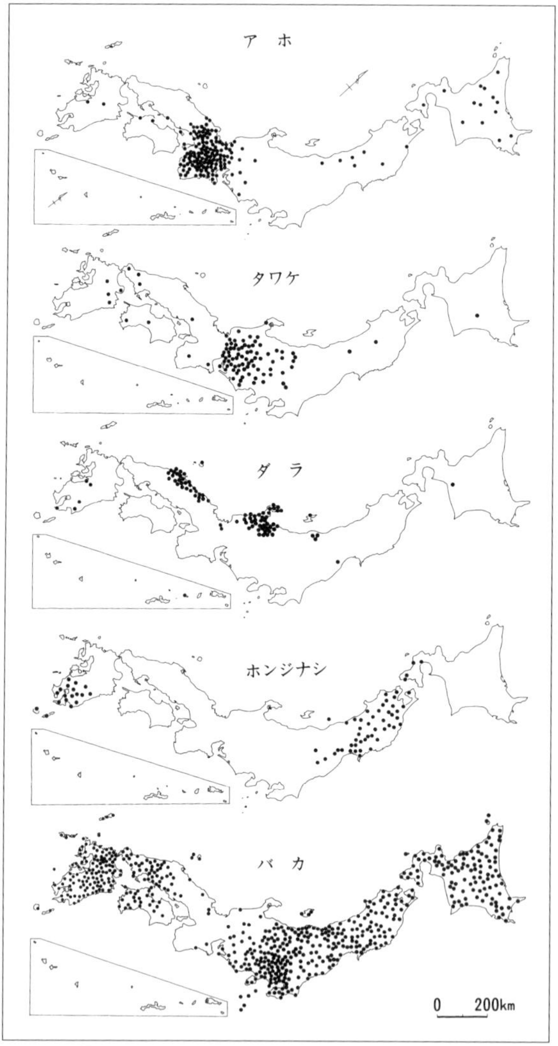

図 6.1 「馬鹿」を表す方言の分布
松本（1993）をもとに作成。

うにしたら説明できるのだろうか。

■説明・解釈（分析・実証的アプローチ）

「探偵！ ナイトスクープ」の中で取り上げられた説明は、「方言周圏論」と呼ばれる理論によるものであった。この理論によると、新しく生まれた言葉は、文化中心地から次第に時間をかけて伝《でん》播《ぱ》するために、広く分布している言葉ほど起源が古い。新しく流行した言葉は古い言語から置き換わるために、中心部に新しい言葉が分布するのに対して、周縁部には古い言葉が残る傾向があるというのである。

方言周圏論を提唱したのは、日本民俗学産みの親である柳《やなぎ》田《た》國《くに》男《お》である。柳田は、1930 年に発表した『蝸《か》牛《ぎゅう》考《こう》』の中で、カタツムリを示す方言である「デデムシ」「マイマイ」「カタツムリ」「ツブリ」「ナメクジ」などの系統を分布に示した。そのうえで、京都を中心に中央部に比較的広範に分布する「デデムシ」系が最も新しいのに対して、東北や九州などに分布する「ツブリ」や「ナメクジ」などが古い言葉ではないかという理論を方言周圏論として提示した。

この方言周圏論を「アホバカ」分布の説明に用いると、「アホ」が最も新しい言葉であり、「ホンジナシ」が古い言葉ということになる。松本氏は、この柳田の説を手がかりとして、「アホ」や「バカ」の語源を様々な文献から探索するとともに、周圏論的な分布を示す他の方言について調査を進め、「疲れた」を表す言葉（中心に近いものから「しんどい」「えらい」「きつい」「くたびれた」「こわい」）、「みにくい」を表す言葉（「不細工」「めんんどい、「みっともない」「見たくない」「見苦しい」）、「かわいそう」を表す言葉（「かわいい」「いとしい」「むごい」「むぞい」）が、ある程度同様の分布パターンを示すことを示した。

このような説明図式は、すでに提示された理論をもとに、現在の空間的パターンを説明するという手順を踏む。ある現象を発見した場合、その現象を説明する理論を探ることが、説明を行ううえで重要なステップとなるのである。

とはいっても、いかなる理論も完璧なものとはいえない。理論に対して、様々な批判を加えることによって、さらにその理論をより適切なものにしていくことに貢献することができる。この方言周圏論に対しては、どのような批判を加えることができるだろうか。コラムに紹介した文化伝播に関するいくつかの説明図式なども参考にしながら考えてみよう。

(2) 九十九里浜の地名

■発見:「浜」地名と「納屋」地名

千葉県房総半島の地形図を見ると、海岸に立地する集落の名前の語尾に「浜」や「納屋《なや》」がつくものが多いことに気づく（山口 1977）。それも、九十九里浜のほぼ中間に位置する木戸川を境として、北に「浜」地名が多く、南に「納屋」地名が多いという、明瞭な空間的パターンを示している。この地名の差は何を意味しているのだろうか。

■説明:経済・流通組織との対応

この房総半島の地名に関しては、いろいろな研究が行われており、それらの文献を検索することによって、歴史的経緯がわかることが多い。このように、地域と密接に関連している場合には、都道府県史や市町村史などを最初に手にとり、そのような記載がないかを調べるとよい。そして、関連する記事があれば、その記事が引用している文献をたどっていくと、学術論文や学術書に出会うことができる。そのようにして、できるだけ信頼のできる出典から、適切な説明がされていないかを探ることが効果的である。

この地域の歴史地理学研究の第一人者である菊池利夫は、この「浜」集落と「納屋」集落は、江戸時代のホシカ問屋の勢力圏と対応していることを指摘している（菊池 1976）。イワシを干したホシカは、近世の商品農業地帯の貴重な肥料として、都市の問屋が勢力圏を競っていた。語尾に「浜」がつく集落は、江戸ホシカ問屋の勢力圏であり、ホシカは主に陸送された。一方、語尾に「納屋」がつく地域は、大阪ホシカ問屋の支店であった浦賀ホシカ問屋の勢力圏であり、そこには千石船が接岸し、ホシカを海送したという。地名の地域差が、経済・流通組織の地域差と対応している興味深い事例である。

■発見：岡集落、新田集落、納屋集落

納屋集落のある九十九里浜地域をより詳細に見ると、海岸線に「納屋」地名が、それと平行して「新田」が語尾についた集落が並んでいる。そして、海岸平野と台地の境目にも集落が続き、そこは地元の人々には「岡」と呼ばれている。このように平行して納屋集落、新田集落、岡集落が並んでいる形態は、どのようにして生まれたのだろうか。景観の空間的パターンは、地理学的研究の対象となる。

■説明（分析・実証的アプローチ）

現地でこうした景観に出会ったとき、文献を調べる前に、自分でいろいろと仮説を立ててみるとよい。たとえば、「岡集落で育った二男・三男などが、農業をするために分家してできた集落が新田集落、漁業をするために分家して成立したのが納屋集落ではないか。」という素朴な仮説を立てることも可能である。そのようにして、ある程度の予想をもって、専門家による学術論文を読むと、特定の歴史的状況の中で、自然環境と政治、経済、社会の諸要素の絡み合いを読み解いていく研究の面白さが浮き上がってくるだろう。

菊池（1959）は、江戸時代にこれらの集落配置が成立した経緯を読み解くためには、海岸が年々拡大していくこと、およびイワシの豊漁期と不漁期が数十年単位で不定期に繰り返されるという自然的プロセスに加えて、ホシカをめぐる経済プロセス、代官と農民、漁民からなる集団間の社会プロセス、豊漁期、不漁期に異なった対応を示す人々の行動プロセスなど、様々なプロセスを同時に考察しなければならないことを示し

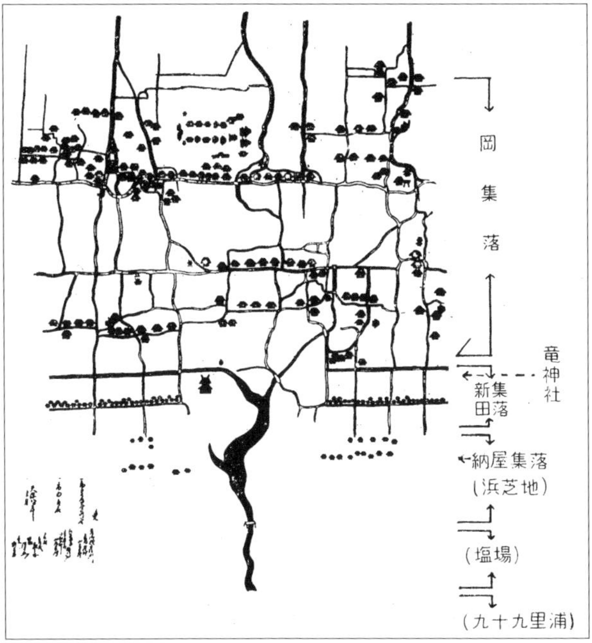

図 6.2　1837（天保 8）年の四天木　菊池（1959）による。

た。

まず、集落配置の歴史的経緯を見てみよう。大網白里町四天木の元禄 4（1691）年当時の地図によると、現在四天木納屋が位置する場所が、当時海底であった。北新田と南新田はまだ建設されておらず、芝地の東側に列状に並んでいる家屋群は、納屋集落であった。一方、天保 8（1837）年の地図には、西から第 1 列、第 2 列の岡集落に加えて、第 3 列の北新田・南新田という新田集落が現れたことが明らかである（**図 6.2**）。元禄期には、この地帯には納屋集落が並んでいた。しかも、天保期の納屋集落は、元禄期のそれよりも、さらに海岸に向かって東進した。この位置は、現在の納屋集落と同じである。このことから、この 140 年余りの期間に、海岸線が海側に向かって移動したこと、また、現在の新田集落は、元禄期には納屋集落であったことが明らかである。

次に、イワシ漁業には、豊漁期と不漁期があったことに注目しなければならない。当時の漁獲量を記録した「水鰯勘定帳」、および近世初期からの網元文書や統計書などの分析から、近世前期から現在まで、豊漁期が 5 回、不漁期が 5 回あったことが確認されている（**図 6.3**）。豊漁期の長さは 12 年～ 48 年、不漁期の長さは 14 年～ 90 年と様々である。元禄期と天保期に描かれた地図には大きな差が見られたが、その間に、約 90 年にもわたる不漁期があったのである。

臨海集落は、もともと岡集落を中心とした農村である。豊漁期になると、海岸に人口密度の高い納屋集落ができ、漁業労働者が居住したばか

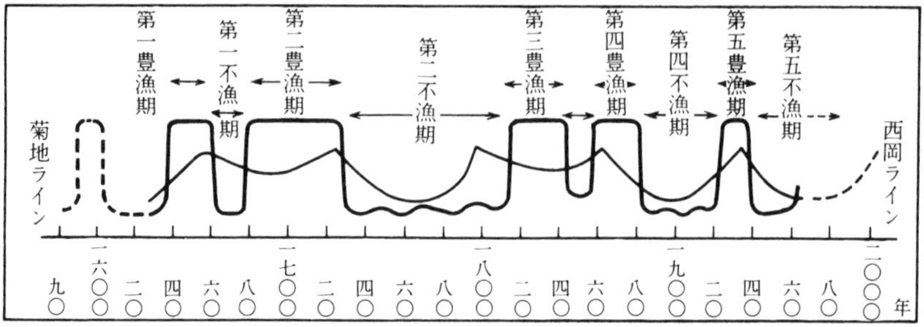

図 6.3　九十九里浜のイワシ漁業の豊凶交替　菊池（1976）による。

りではなく、内陸農民の出稼ぎ小屋もあった。しかし、不漁期になると、網元の漁獲量が激減し、借金した漁業資本の返済のために、田畑を売って没落する。出稼ぎ小屋が空き家になり、納屋集落は衰退する。この時期に領主は、大量の失業者を農業に吸収するために、海岸の芝地に成立した納屋集落を取り払ってその跡地に新田開発をすることを命じた。その結果、かつての納屋集落は、新田集落となった。不漁期が終わり、再び納屋集落ができたときには、海岸はかつての沖合に伸びていたために、新田集落が現在の岡集落と納屋集落の中間に残ったのである。

このように、現在の景観は、自然、政治、経済、社会などの諸作用が複雑に絡み合って生まれたものであり、その説明を行うためには、過去にさかのぼって、歴史地理学的な分析が必要となることが多い。

(3)「軽井沢」地名の分布

■発見

日本で「軽井沢」という地名を知らない人はほとんどいないだろう。長野県の東端で浅間山の南東斜面に広がる高原には、多くの別荘や保養施設が広がり、多くの観光客が訪れる避暑地となっている。**図 6.4** は、その「軽井沢」という地名を含む施設の分布を、1985 年の電話帳をもとに示したものであるが、「軽井沢」という名称は、単に旧軽井沢ばかりではなく、軽井沢町全域に広がっており、さらに行政域を越えて御代田町にまで広がっていることが明らかである。この地域を表す名称としては、「沓掛」「千ヶ滝」「追分」などがあるが、「軽井沢」地名がそれらの地名に増して頻繁に用いられている。御代田町においても、「御代田」以上に「軽井沢」地名が広がり、特に「西軽井沢」という名称が頻繁に

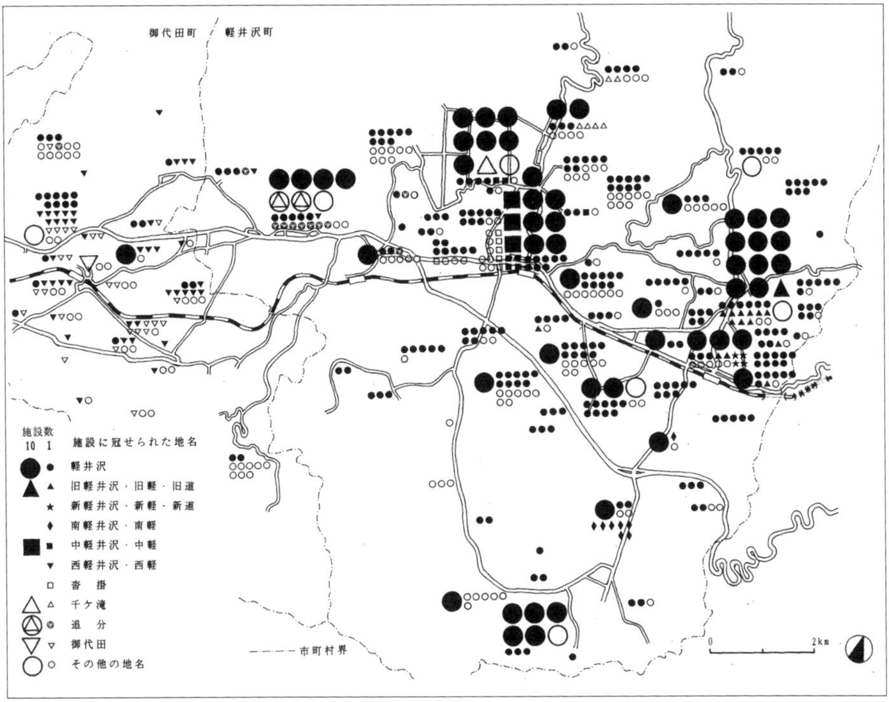

図 6.4　軽井沢の地名を冠した施設の分布　内田（1989）による。

用いられている。「軽井沢」地名は、この地域の施設名称になぜ好んで用いられているのだろうか。

■説明・解釈（意味論的アプローチ）

現在の「軽井沢」地名の分布を説明するためには、歴史的な変遷を追わなければならない。内田順文（1989）は、軽井沢地名の拡大には、明治後期以降形成された、軽井沢の「高級避暑地」というイメージが重要な役割を果たしていることを報告している。

近世に宿場町として栄えていた軽井沢は、明治になると衰退し、文人たちも閑散とした原野の中に寂しく立つ停車場（新軽井沢）を描いていた。浅間山と冷涼な気候以外に、さしたる感銘を与える要素を軽井沢は持っていなかったのである。このような軽井沢のイメージを転換させる契機が、1888 年英国聖公会の宣教師 A.C. ショーが、軽井沢に別荘を建てたことであった。彼は故郷カナダのトロントや父の故郷スコットランドに似た軽井沢の風土が気に入り、当時遊女屋や酒場がなく、入手しやすい空き家があったことなど、別荘を建てる上での好条件がそろっていた。その後、口コミによって軽井沢を知った外国人宣教師や外交官、留学経験をもつ日本人の上流階級にも広がり、次第に「高級避暑地軽井沢」の名が知られるようになったのである。

何よりも、軽井沢を日本の中での別世界に仕立てたのは、避暑客に占める外国人の割合が高かったことである。大正期以降昭和初期まで、軽井沢を訪れた外人避暑客は毎年千人を下らず、1912 年には、外国人避暑客数が日本人よりも多いほどであった。当時の日本内陸で、このように西欧からの来訪者割合が高い場所は極めて珍しく、ハイカラで高級なイメージが形成されたことは想像に難くない。

人々に生まれたイメージを、歴史的に追う方法にはどのようなものがあるだろうか。内田は、軽井沢を舞台とした文学作品を取り上げて、その中で軽井沢の描写に用いられたキーワードを抜き出した。「寒さ」や「葦草」など、殺風景な描写があった明治 20 年代とは異なり、明治 30 年代以降には、「西洋人」「牛肉」「洋酒」など、西洋風のイメージが出現する。そして、「テニス」「外人」「ダンス」「洒落た」「別荘」などという語は、大正期以降定着し、「高級避暑地」としてのイメージが確立したことが明らかになった。

現実の軽井沢は、昭和 30 年代以降の高度経済成長期に、別荘ブームが起こり、大量の観光客が訪れて、大衆化した部分が多い。メディアがカバーする軽井沢に関する記事も、そのような大衆化や俗化を嘆く口調のものがあり、新しく流入した一般「大衆」が従来の「軽井沢人種」「別荘貴族」とは区別されている。しかしそれは、「高級避暑地」としての軽井沢のイメージを否定するものではなく、かえって強化するものであった。

軽井沢にまつわるよいイメージが形成されると、人々はそのイメージにあやかろうとする傾向を持つようだ。軽井沢に高級避暑地としてのイメージが形成されてきた明治末から大正期以降、軽井沢と囲む長尾原、雲場原、野沢原などが開発され、それらはやがて「軽井沢」の名で呼ばれるようになる。同時期に開発された地蔵ヶ原や沓掛区有の入相地は、南軽井沢、軽井沢千ヶ滝として売りに出された。1923 年には東長倉村が軽井沢町に名称を変更し、1929 年ごろには群馬県長野原町の地蔵川が北軽井沢と呼ばれるようになる。戦後、沓掛は中軽井沢に、御代田町頭部の東台区が西軽井沢区に名称を変更する。そして、昭和30（1955）年代の別荘ブームによって、「軽井沢」の名前は高級別荘地の象徴として各地で乱発されるようになったのである。

現在、広範に見られる「軽井沢」を冠した施設の分布は、このように、明治後期から大正期にかけて形成された「高級避暑地」のイメージを、自分の施設のイメージ形成に役立てようとした結果生まれてきたものである。

とはいえ、このような地名は、まったく無批判に広がることができるわけでもない。1987年に国鉄民営化を機会に御代田駅を西軽井沢駅に変更する計画があり、町民の過半数の賛成を得ていたが、軽井沢町の方から、「百年かけて作り上げた軽井沢のイメージに影響を与えかねない」とクレームがつき、実現には至らなかった。

地名は、単にその場所を特定する記号であるばかりではなく、歴史的経緯の中で意味づけられ、象徴化されるものである。そのような過程を経て生まれた地名は、時には抗争を生み出す媒介ともなり、さらに社会的な意味を加えていくのである。

考えてみよう

1. 言語が景観に現れている事例にどのようなものがあるか、集めてみよう。
2. アホバカ分布と柳田國男『蝸牛考』の分布を比べ、共通点、差異を考えてみよう。
3. 地名が行政域を越えて用いられている事例はないか、考えてみよう。

調べてみよう

今昔マップを用いて、地名が変化している場所を調べてみよう。何年の地図から変化しているのだろうか。そのときに地名で示される範囲に違いはあるのだろうか。理由は何だろうか。

内田順文（1989）「軽井沢における『高級避暑地・別荘地』のイメージ定着について」『地理学評論』62A-7。

グロータース、W.A.（1976）『日本の方言地理学のために』平凡社。

菊池利夫（1959）「九十九里浜における臨海集落の発達の歴史地理学的研究」『人文地理』11-6。
菊池利夫（1976）「近世九十九里浜の不漁における領主と漁民の行動」『歴史地理学紀要』18。
高橋伸夫・田林 明・小野寺淳・中川正（1995）『文化地理学入門』東洋書林。
谷川彰英（2002）『地名の魅力』白水社。
松本 修（1993）『全国アホバカ分布考―はるかなる言葉の旅路―』太田出版。
山口恵一郎（1977）『地名を考える』日本放送出版協会。
吉野正敏（2001）『気候地名集成』古今書院。

中川　正

コラム　文化伝播

文化・社会現象を説明するときに、考えなくてはいけないことの一つが、その現象がどのように生まれ、どのように現在の場所に伝わったかということである。私たちの周囲には、他の場所で発明・発見されたものが伝わったものがほとんどである。衣類として用いている綿はインド原産で、リネンは中近東で最初に栽培化され、羊毛を得るための羊の飼育は小アジアで始まり、絹は中国で最初に使用された。食料としての小麦は西アジア、トウモロコシはアメリカ大陸、大豆は中国で最初に栽培化された。現在読んでいる教科書も、中国で発明された紙に、中国起源の文字を用いて作成されたものである。文化要素の中で、その地域に発生したものは非常に少なく、過去のある時に別の場所で発生したイノベーションが地域を越えて伝わった結果であるものがほとんどである。

この点に注目した地理学者は、文化要素が地域的に拡大する現象を文化伝播（cultural diffusion）という概念として捉え、文化の地域差を説明する有効な手段として用いている。伝播（diffusion）は、拡散や普及という日本語に翻訳されることもある。一般的に文化伝播の見方は、イノベーションの発生を困難なこととみなし、2つの地域で同じ文化要素が分布する場合には、そのイノベーションが独自に発生したと解釈するよりも、伝播があったと仮定する。

文化伝播の発生にはいくつもの形態があるが、スウェーデンの地理学者ヘイエルストラントは、それを大きく拡大伝播と移転伝播に分類している（**図 6.5**）。情報や物質などが1つの場所から他の場所に拡大する過程は、拡大伝播と呼ばれる。拡大伝播では、伝播したものは起源地に残り、新しく伝播した地域に分布領域が拡大していく。拡大伝播には、接触性拡大伝播と階層性拡大伝播がある。

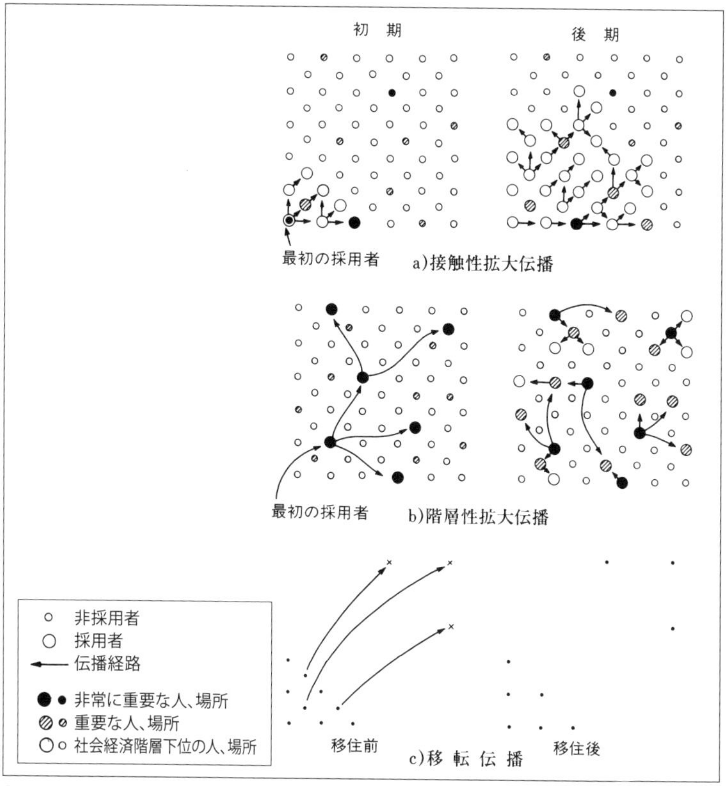

図 6.5　文化伝播の類型　Jordan-Bychkov and Domosh（1999）による。

接触性拡大伝播は、伝染病のように、直接の接触によって拡大する過程である。この拡大過程は、水面に石を投げると、石が落ちた地点から波が周囲に向かって広がり、次第に小さくなっていく状況と類似している。この接触性拡大伝播では、伝播が起源地から近い場所で早く、遠い場所では遅いという近接効果が働く。

一方、階層性拡大伝播は、重要人物から他の重要人物へ、大都市から他の大都市へというように、他の人々を飛び越えて伝播する過程である。たとえば、パリ・コレクションで発表された女性のファッションは、まずロンドン、ニューヨーク、東京などといった大都市に伝播し、それから下位の都市へと都市の階層を下る形で普及していく。このような階層の秩序に従った伝播傾向を階層効果（hierarchical effect）と呼ぶ。

これらの拡大伝播とは対照的に、移転伝播はある文化特性を持つ個人や集団が新しい居住地へ移住するときに発生する。たとえば、ヨーロッパ人の開拓者たちがアメリカ大陸に移住したことにより、ヨーロッパにあった農耕技術、手工業、経済制度、キリスト教などの一連の文化特性が同時に移植された。16世紀以降のヨーロッパ人の新大陸移住は、歴史上で最も大規模な移転伝播であり、現在のアメリカを理解するうえで、この移転伝播に対する考慮は不可欠である。

「アホバカ」分布は、この中でいずれの類型に属するだろうか。また、他の類型ではない理由は何だろうか。他の類型に属する言葉の伝播はあるだろうか。

Jordan-Bychkov, Terry G. and Mona Domosh (1999) *The Human Mosaic* (8th ed.), Longman.

中川　正

コラム　言語と記号

軽井沢は西洋や高級避暑地といったイメージと結びついた場所である。このイメージは、単に個人の頭で想像されるだけでなく、特定の社会のメンバーがほぼ同じように想像するもので、このようなものを「ステレオタイプ」と呼ぶ。

高級避暑地軽井沢だけでなく、日本を代表する富士山や桜もステレオタイプである。これらは「日本の代表」という抽象的な考え（観念）が、具体的な山や樹木と結びついたもので、そのようにして結びつけられた富士山や桜は、日本の「象徴」である。

このように考えると、軽井沢や富士山や桜の意味や価値は最初から備わっているのではなく、抽象的な考えと、具体的な地名や山（の名前）や樹木（の名前）が結びついたものであることが分かる。抽象的な考えや概念（意味されるもの）と、地名や山名、樹木名といった音声（意味するもの）が結びついてできたものを「記号」という。こうした音声と概念との結びつきに注目する研究を、記号論という。

例えば、日本語の「本」というのは、「ほん」という音声と、読んで学ぶための道具という意味や概念が結びついた記号である。英語の場合の book も、「ブック」という音声と、読んで学ぶための道具という意味や概念が結びついた記号であるのだが、日本語と英語では言語の構造そのものが異なるので、「ブック」という音声に、「予約する」という意味や概念が結びついて、「予約する」という記号もある。

言語によってどのような音声（意味するもの）と概念（意味されるもの）が結びつくのかは異なる。そして時代や場所によってもこの結びつきは異なる。

軽井沢の場合、「かるいざわ」という音声（意味するもの）と結びつく概念は、時代によって西洋や、高級など異なる。富士山の場合、時代ごとの変化に加えて、山を信仰の対象とする人びとにとっては「聖」という概念と結びつき、信仰の対象として象徴化されている。私たちがあまり意識することのない、身の回りの自然環境や景観、場所に対する、好きとか誇りに思うというような肯定的な評価、嫌いや怖いというような否定的な評価も、「当たり前」ではなく、それぞれの自然環境や景観や場所に意味が与えられている、つまり記号化されているからなのだ。逆に言えば、意味を与えておらず、記号になっていなければ、私たちはそのものに気づくことが難しいことになる。

　このように、私たちの身の回りには記号があふれている。それは時代や立場によってどのように異なるのだろうか。いつそれは誰によって記号化されたものなのだろうか。

森　正人

第7章 自然と生業の文化地理学

1.自然・生業と空間・環境・景観

(1) 空間

人間は自然環境の制約を受けながらも、自らの目的のためにそれを利用可能なものへと改変してきた。自然を改変することで成り立つ生業として農業や漁業、林業がある。これは人間の文化と、自然との関係によって作られたものである。

図7.1は現在私たちが日々口にする野菜などの植物が、どこで栽培され始めたのか示している。栽培とはただ単にそこに植物が生えているということではない。人間が自分の好みに合う植物を選択し、食べやすいように、そしてより多く収穫ができるように長い時間をかけて積み上げた営為なのである。

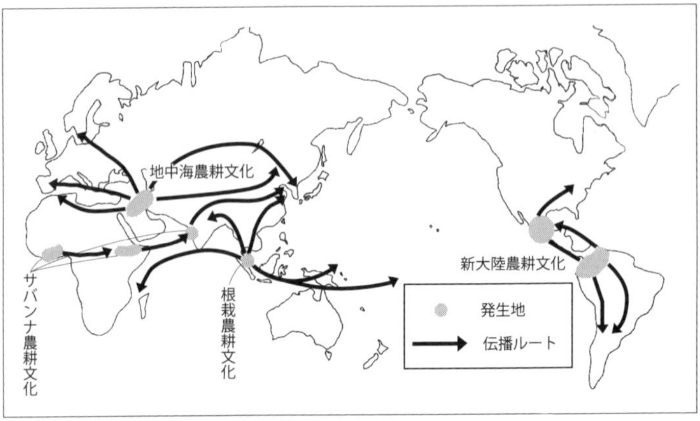

図7.1　植物の起源
中尾（1966）による。

たとえばバナナについて考えてみよう。バナナには種子がない。バナナは種子から育てるのではなくて、バナナの一部から分離しながら数を増やす栄養生殖を行う。当初はバナナには種子があったが、突然変異で種無しのバナナができたとき、それをあえて選択し集中的に栽培化したのではないかといわれている。バナナだけでなく、タロイモやヤムイモも栄養生殖である。これらの作物は同じ場所で栽培化されており、その農耕文化は根栽農耕文化と呼ばれる。

日々よく食するコメは、アワ、キビ、ソバなどの雑穀の中からとくに選別され栽培化されたものだ。雑穀はアフリカで栽培化されたもので、ウリ、ナス、スイカ、ヘチマのほか、マメ科植物やゴマや油やしなど栄養価の高い油料作物も栽培化されている（サバンナ農耕文化）。

パンの原料のムギ類は中東から地中海にかけての一帯で栽培され始めた。さらに、最初は畑の雑草でしかなかったハクサイ、ミズナなどの野菜も、食べられる野菜へと変えられたのである。フライドポテトの原料ジャガイモはアメリカで栽培されはじめた。トウモロコシ、トマト、トウガラシなどもここが原産なのだ（中尾 1966）。このように今私たちが食べているものは、世界のどこかで、昔、自然に人間が手を加えて栽培してきたものなのである。

しかも栽培されたそれぞれの作物は、いろいろな場所へ伝播《でんぱ》していった。根栽農耕文化が北、サバンナ農耕文化が東へとそれぞれ伝播し、現在の中国の雲南省のあたりで交わった。照葉樹林が広がるこの場所では、モチ米や茶などを栽培する照葉樹林文化が形成され、これが日本の文化に大きな影響を与えたと言われている。

(2) 環境

宮崎駿のアニメ『もののけ姫』に登場するイノシシの首領、乙事主《おっことぬし》を覚えているだろうか。映画の途中で乙事主は、自分たちが人間によって次第に小さくされていることを嘆く。実はこれは、イノシシが人間によってブタへと家畜化されていることを意味している。

家畜化も、動物という自然に人間が手を加え、改変する営為である。イノシシがブタへと家畜化される中で、ブタは攻撃するためのキバを失い、肉として食べるために下半身は肉付きがよくなり、イノシシよりも

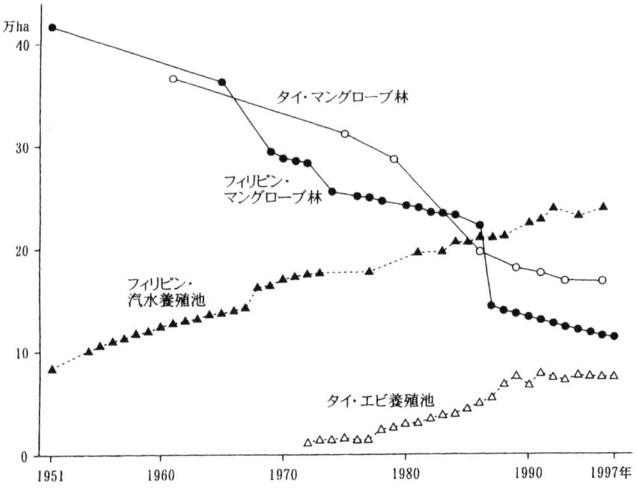

図 7.2　フィリピンとタイにおけるマングローブ林と養殖池の面積の推移　安食（2003）による。

多くの子を産むことができるようになった。このように、人間はつねに周辺の環境条件に制約されながらも、積極的に環境を自らの生活のために改変してきたのである。

しかし、人間はつねに自然や環境を完全に支配できるわけではない。ブタとして家畜化されなかったイノシシは田畑をあらし、人間の生活をおびやかしてもきた。そのためにイノシシを捕獲したり、耕地に防壁を設けて侵入を防いだりした。後者の防壁は猪垣《ししがき》や猪土手と呼ばれ、日本各地にみられる。大がかりな猪垣になると、木柵、土手、堀、石垣などを用いるものもあり、イノシシが人間生活にあたえる影響の大きさを知ることができるだろう（矢ヶ崎 1989）。

さらに、いつも人間による自然環境の改変がよい方向に向かうわけではないことは、破壊がさけばれている昨今を考えればすぐに分かるだろう。たとえばエビをくわしく調べると日本で育ったものではなく、東南アジアの国々からの輸入が多いことが分かる。

私たちが食べているエビは、稚《ち》エビの段階から養殖池で養殖されている。エビは淡水と海水が入り交じる汽水《きすい》で生育するため、汽水域に養殖池が作られることが多い。しかし、この汽水域にはマングローブ林が広がっているため、これらを伐採することになるのである。**図 7.2** は、タイとフィリピンのエビ養殖池の数と、マングローブ林の伐採状況をしめしている。すると、養殖池が年をおって増加する一方で、マングローブ林が激減していることがわかるだろう（安食 2003）。私たちの日常生活がどこか遠い国の環境破壊と結びついていることを、どれほどイメージできるだろうか。

(3) 景観

田畑、漁場、森林といった景観は、その土地の生業と環境とのかかわりを読みとる手がかりになる。田畑には何が、いつ、どのように植えられているのか、漁場ではどのような仕掛けで、何をいつ獲っているのか、森林ではどのような樹種が、誰によって植えられ、伐採されているのかなど景観を観察することで様々な情報をえることができる。

今、目の前に広がる景観を入り口として、その土地の生業と環境とのこれまでの長い関係を知るにはどうしたらよいだろうか。それには、聞き取りや昔の史料を探して、それをもとに考えることが適当だろう。そこで、現在の鹿児島県にある奄美《あまみ》諸島で、どのような生業の景観が作られ、それが変化してきたのか考えてみよう（小林 2003）。

島々により違いがあるものの、江戸時代の奄美諸島では水田が開発され、コメの栽培が行われ、畑地ではムギが栽培されていたことが、1726年から1728年までの検地の記録から分かる。しかし明治初期の記録では耕地の面積はあまりかわらないものの、サトウキビとサツマイモがおもに栽培されていた。

奄美諸島にサトウキビ栽培が伝来したのは17世紀末だと考えられているが、当時はまだ水田での稲作が島民にとっては重要だった。しかし、奄美諸島を統治していた薩摩《さつま》藩が18世紀なかごろに砂糖の生産を奨励し、年貢を砂糖で納めさせるようになると、水田にはイネのかわりにサトウキビが栽培され、また新しくサトウキビ畑が開墾されるようになったのだ。一方、17世紀のはじめごろ伝わったと考えられるサツマイモは主食として栽培され、コメに代わる貴重な栄養源となった。

薩摩藩によるサトウキビ政策は、それを日本本土へと供給し利益を獲得することを目的にしていた。しかしサトウキビを製糖する過程では、燃料や砂糖を出荷するための樽が必要となり、奄美諸島の森林は大きなダメージを受けたのである。しかも島民が主食として依存していたサツマイモは長期間保存することが難しいため、不作のときには深刻な食糧不足をひきおこした（小林 2003）。

このように、奄美諸島における生業の景観は、薩摩藩や日本本土などと結びついていたことが分かるだろう。

2.自然・生業の文化地理学的実践

(1) はげ山と経済・政治状況

■発見

樹木が浸食された山、禿赭地《とくしゃち》、いわゆる「はげ山」を見ると、私たちは環境破壊が進行していると考えるのではないだろうか。**図 7.3** は 1900 年ごろの日本各地におけるはげ山の状況を示している。はげ山が多く見られるのは、瀬戸内海沿岸、近江盆地南部、伊賀盆地、濃尾平野などであることが図から分かるだろう。

例えば、瀬戸内海沿岸にはげ山が多いことは、どのように理解すればよいだろう。香川県出身で、毎年のように降雨量が少なく、給水制限が発令されていたことを経験している筆者は、瀬戸内海沿岸にはげ山が多いのは、瀬戸内海特有の気候が原因だと考えてしまう。

しかし、千葉徳爾（1991）は、日本各地にはげ山が見られる原因を、中世以降の人間活動と説明する。瀬戸内海のはげ山は、どのような人間活動から生じたのだろうか。

■説明・解釈（分析・実証的アプローチ）

瀬戸内海沿岸部は、江戸時代から製塩業が盛んに行われるようになった。当時の塩は、「入《い》り浜《はま》式」と呼ばれる方法で造られていた。それは、潮の干満差を利用して海水を塩田に引き込み、その海水を釜に入れて煮て、何度も蒸発させながら、塩を結晶化させる方法だった。

図 7.3　はげ山の分布　千葉（1991）による。
注）1 点は 100ha を示す。

瀬戸内海沿岸でも、とくに岡山藩の領地でのはげ山が多いのは、他の地方では海水を蒸発させるための燃料に石灰が用いられていたのに対して、岡山藩は薪や松葉などの燃料を使用し続けたためだった。燃料は、現在の岡山県美作《みまさか》市や兵庫県赤穂《あこう》市から輸送されていたのである。

だからといって、瀬戸内海沿岸のはげ山の多さは、燃料確保のために樹木が伐採されたことが原因だというわけではない。はげ山が、製塩の薪を供給する海岸部ではなくて、内陸部で、しかも私有地ではなく、ある決められた村落の人々が共有する入会《いりあい》地《ち》で多いことに注目してみよう。

美作市や赤穂市では、塩田に輸送される燃料は、私有林で採取されていた。私有林で採取された薪は、岡山藩が塩を専売していたために、塩田に優先的に供給されていたのである。ところで、薪を使用するのは何も塩田業者だけではない。電気やガスがなかった江戸時代には、一般の人々もこの薪を日常的に使用していたのだ。

薪や松葉などの燃料の量は限られているから、一般の人々と塩田業者がそれを分けなければならない。しかし、江戸時代も半ばを超えると、人口が増加し、また昼間は田畑を耕している人々は、夜に農業以外の内職を始めるようになった。「夜なべ」のためには、燃料が必要になる。一般の人々の薪の需要量も増加したのだった。

新たな塩田を開発していく塩田業者は、18 世紀後半には薪の量を確保するために買い占めを行い、それによって薪や松葉などの燃料価格が高騰し始める。すると、高額な燃料を買うことが不可能だった人々は、入会地で樹木を伐採し、松葉を採取し始めた。森林維持に必要とされる以上の過度の伐採・採取により、はげ山が出現したのである（千葉 1991）。

(2) かわりゆく漁村を観察・体感する

■発見

主に古い史料をもちいて生業と環境の長い関係を考えるほかに、ひとつの場所に何ヶ月も滞在し、そこに住む人びとの活動を観察し、インタビューし、さらに行動を一緒にすることで研究をすすめていく参与観察とかフィールドワークと呼ばれる方法もある。そして一つの場所で何年も調査し観察を続けていくなかで、その土地の生業がどのように変化していったのかを考えていくこともできるだろう。

たとえばフィリピンのパナイ島にあるサピアンという漁村でフィールドワークを続けることで、20 年もの時間が漁法をどのように変化させたのか考えることができる。1980 年と 2000 年の漁具の分布状況をし

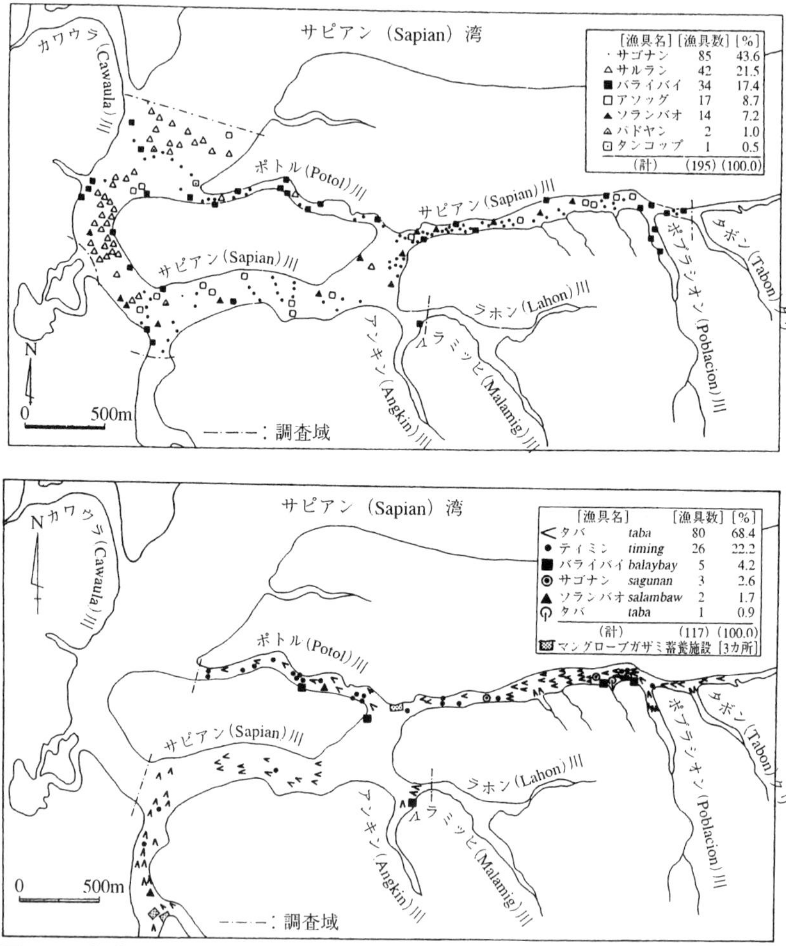

図 7.5　サピアン川周辺の漁具の分布状況（上：1980 年、下：2000 年）
田和（2002）による。

めす**図 7.5** をまずは手がかりにしてみよう。すると、1980 年には、サゴナンというウシエビの稚エビを捕獲する漁具がもっとも多く使われており、サルランが河口部を中心に設置されていることが分かる。しかし 2000 年を見ると、かつてサゴナンが設置されていた場所にタバとティミンが設置されている。この 20 年でなぜサピアンの漁法はすっかりかわったのだろうか。

■説明・解釈（分析・実証的アプローチ）

1980 年にもっとも多く設置されていたサゴナンは、エビが照明にあつまる習性を利用し、夜に川を遡上するエビを照明でおびきよせてアミで捕獲するための漁具だった。このサゴナンによる漁は、何人かが合同で漁をする必要があった。二番目に多く設置されたサルランもやはり照明で魚を集め、水中に張っておいたアミを一定の時間になるとアミを引き上げてかかった魚を捕獲する漁具である（田和 2002）。

2000 年にこのサゴナンに取って代わっていたタバは、櫓《やぐら》を組みアミを水中に設置しておき、ある時間がくるとアミを引き上げてかかった魚類を捕獲するものである。このタバは、一人で操業することができること、アミをあげる時間にあわせて漁に出かければよいので操業時間が短いこと、安定した収入がえられること、サゴナンは照明を使うので満月の明るい夜の前後は漁ができないがタバはその心配がないことが利点である。

もうひとつのティミンは、同じパナイ島の別の州から 1980 年代末につたわった漁具で、直径 40 センチ程度の円筒形のカゴである。これにエサを入れて夜間に水中にしかけて、翌朝にかかった小エビを捕獲する。サゴナンに比べてティミンは、材料が少なくてすむこと（ティミンは竹とアミで作られる）、ティミンをあげる時間にあわせて漁に出かければよいので操業時間が短いことが利点として考えられる。そしてこうした利点をもったタバやティミンが、サゴナンやサルランにかわって同じ場所に設置されたのである。ただし、サゴナンが完全になくなったわけではなく、現在も稚エビの捕獲のために設置されることもある。

このほか、1980 年では 14 のソランバオが確認されたが、2000 年ではその数は 2 へと激減している。大がかりな漁具であるソランバオは水深が 2 ～ 3m 以上必要である。しかし、山地が荒廃して土砂くずれが起き土砂が河川に流入したために河床が高くなってしまったために、操業ができなくなったのだ。そのほかにも、かつては籐《とう》で作れていた漁具が、籐の入手が困難になったために姿を消したり、漁具の浮き子が木片から発泡スチロールやペットボトルへとかわったりしている。

漁具以外にも漁業では大きな変化がみられる。たとえばバンゴスという魚の養殖では、より早く魚を育てて年間の収穫回数を増やすために、多くの薬剤を投与して養殖池を栄養化し、養殖に害をおよぼす生物を死滅させていることが、関係者への聞き取りや参与観察から分かるという

(田和 2002)。

このようにその場所でずっと調査を続けるなかで、ぱっと見ただけではなかなか分からない現地の様子の変化を知ることができるかもしれない。とりわけ、漁師の漁具の種類や設置場所は記録に残りにくい。したがって、参与観察やインタビューによって、史料からでは分からない様々な情報を得ることができるのである。

(3) 自然の政治学

■発見

春になるとスギやヒノキの花粉が飛び、花粉症を引き起こす。とくに、近年は林業が衰退し必要量の木材が伐採されないことで、山が荒れているとも言われる。林業は山林の自然を人間が管理し、資源化する生業であるが、どのようにしてスギやヒノキが植林されたのだろうか。また、それは政治とどのように結びついているのだろうか。

■説明・解釈（意味論的アプローチ）

山野で樹木を育ててそれを売買する林業は、日本の第一次産業において重要な役割を担ってきた。そして、林業はつねに国家政策と深い結びつきをもってきた。

第二次世界大戦前には森林に木を植えることが、先祖から受け継がれてきた郷土や国土を守ることであるという愛国心と結びつけられ、各地で愛林運動が展開した。とりわけ、第二次世界大戦が激化する 1942 年からは、貴重な燃料資源を確保するために「挙国造林《きょこくぞうりん》運動」が展開した。

戦後の国家緑化運動をになった国土推進委員会は、戦争で荒廃した森林を人工的に植林していくことが、国家としての復興に結びつくと考えた。国土推進員会は毎年国土緑化のための標語を作っており、1950 年代、60 年代の標語には、「国造り」「伸びゆく日本」など国家再建や日本の発展を示す言葉が多く取り入れられている。また、天皇と皇后という日本の象徴が参加し自らの手で木を植える全国植樹祭では、1960 年代までスギ、ヒノキ、マツなど木材として重要な樹種が天皇と皇后によって植えられていた。

しかし、1960 年代半ばには公害が社会的な問題となり、経済や産業優先のあり方が問われはじめると、レクリエーションや保養などの余暇が人間らしい生活様式としてクローズアップされていく。そして、1970年代には森林をレクリエーションの場とする見方が強くなってくる。また、それまで経済性の高い樹種を植えていた全国植樹祭では、天皇と皇后によって、モミジ、サクラなど木材としてはあまり有用ではない樹種が植えられるようになるのだ。日本の緑化運動は天皇の象徴性をテコにしているし、天皇制は緑化運動によってその象徴性を強化してもいる。

私たちは、人間の手が加えられていない無垢なものとして「自然」（第一の自然）を考えがちだが、その自然は人間によって特別の意味を与えられながら改変されている。ある時代の社会状況によって意味を与えられながら改変されていくこうした自然は「第二の自然」と呼ぶことができるだろう。しかし、人間の手が加えられていない自然は本当に存在しうるのだろうか。自然保護区でさえ、人間が手を加えないという規則によって「自然のまま」に保護されているとすれば、あらゆる自然は第二の自然である。とすれば、私たちはなぜ人間の手が加えられない無垢な自然（第一の自然）を想像するのだろうか。それは一体、どのようなからくりがあるのだろうか。第二の自然が、第一の自然というものが「ある」というイメージを作り出しているのではないのだろうか。たとえば、有機農業やオーガニックというのがどのようなイメージを喚起しているのだろうか（コラム「「自然とは何か？」を考える意味とは何か？」も参照→90頁）。

考えてみよう

1. 次の作物がどのような土地や気候で栽培されているか考えてみよう。

水田／ナス／茶／サツマイモ／タバコ／ナシ／ブドウ

2. 昨晩食べた食事で利用されていた肉類、魚介類を書き出して、それらの食品は、国産が多いのか、輸入品が多いのか、自給率をキーワードにしてインターネットなどで調べてみよう。
3. 自宅周辺の公園や大学のキャンパスには、どのような花き類や樹木が植えられているか調べてみよう。

調べてみよう

新聞広告を用意し、そこに掲載されている野菜や肉類、魚介類を一つずつ切り取り、生産地を確認しよう。それを大きな紙に描いた日本地図や世界地図に貼っていき、気づいたことや考えたことを書き出してみよう。

安食和宏（2003）「失われる海の森・マングローブ林と村落生活」藤巻正巳・瀬川真平編『現代東南アジア入門』古今書院。

小林 茂（2003）『農耕・景観・災害―琉球列島の環境史―』第一書房。

田和正孝（2002）「フィリピン、パナイ島サピアンにおける沿岸漁業の変容」『関西学院史学』29。

千葉徳爾（1991）『増補改訂　はげ山の研究』そしえて。

中尾佐助（1966）『栽培植物と農耕の起源』岩波新書。

中島弘二「戦後日本の緑化推進運動と「みどり」の風景」荒山正彦・大城直樹編『空間から場所へ―地理学的想像力の探求―』古今書院。

矢ヶ崎孝雄（1989）「猪垣（ししがき）の分布について」『文教大学教育学部紀要』23。

森　正人

コラム「自然とは何か？」を考える意味とは何か？

文化地理学は人間の文化が大地の自然をどのように改変するのかを考える。この態度においては、人間＝文化と自然が分けられ、前者が後者を改変する力を持つことが前提になっている。しかし、私たちの身の回りをよく見ると、人間＝文化と自然を明確に分けることができないことが分かってくる。

例えば、近年の第一産業の諸分野、農業や漁業などでは、バイオテクノロジーを用いて、「自然」の野菜や魚介類が「人工的」に生産されている。場合によっては土も用いず、人工照明で日照時間が正確に管理された室内で、必要な養分が機械によって供給されて農作物が収穫される。また卵や稚魚の段階から水槽で、人工的に飼育されて、魚介類が養殖される。これらは「自然」なのだろうか。

化学肥料を用いず、あるいは減農薬して栽培される有機作物の場合はどうだろうか。この場合も、害虫が作物に付かないように丁寧に人間が作物を栽培する。それは「自然」なのだろうか。

栽培過程のテクノロジーだけではない。たとえば、「優性の法則」に基づいて交配されて作られたF1 種、腐りにくいように遺伝子組み換えされた作物などは、種子の段階で「人工」的である。私たちの口にする農作物の種子のうち、どれほどがこうした「人工」ではない「自然」のものなのだろうか。

人間＝文化と自然の境界線は曖昧になっているのだろうか。それともそもそも曖昧なのだろうか。

人間と自然との境界線について思いをめぐらせること、そして境界は最初からあるものではなく、ある立場の人たちが「引く」ものであることに気づくことは、この世界の多様性と複雑性の理解への窓口である。というのも、人間と自然の境界線が絶対的でなければ、①誰がどのようなからくりで、その境界線を絶対的なものと主張しているのか、②人間と自然のどちらにも属し、あるいはどちらにも属さないものとされているのはどのようなものか、③人間と自然の関わりの中でどのような新しいものがつねに生み出されているのか、ということに目が向くからである。

「人間」と「機械」の境界線で生み出されるものを「サイボーグ」という形象で積極的に肯定したのは、フェミニストのダナ・ハラウェイである。サイボーグは人間であり、機械でもある。スマート・フォンを肌身離さず持ち歩き、コミュニケーションを取る私たちは、機械やデジタル技術との関わりの中でつねに作られ続けている。文化と自然だけでなく、人間と機械、人間と動物、男と女、正常と異常……。私たちが自明のものと考える境界線を、私たちはどこまで乗り越えられるだろうか。

ハラウェイ、ダナ（2000）『猿と女とサイボーグ―自然の再発明―』高橋さきの訳、青土社。
森　正人（2021）『文化地理学講義―〈地理〉の誕生からポスト人間中心主義まで―』新曜社。

森　正人

第8章 宗教の文化地理学

1.宗教と空間・環境・景観

(1) 空間

世界の政治や社会情勢を理解するうえで、その空間に卓越する宗教を知ることは、不可欠である。少し思い描くだけでも、キリスト教空間と、イスラーム空間、ヒンドゥー空間では、ずいぶん異なったイメージがわくだろう。実際、宗教は、人々の集団帰属意識のよりどころとなるだけではなく、特定の規範と価値体系を与え、政治経済などの社会構造から衣食住などの生活様式にいたるまで、多くの側面に密接にかかわっているのである。現在の中東情勢や、インドの都市の内部対立、アフリカの民族紛争なども、宗教的な要素を考えなければ、理解することはできない。宗教は空間理解のためのキーワードの一つである。

宗教の空間差はグローバルな視点からばかりではなく、様々なスケールにおいてとらえることができる。アメリカは、毎週４割の人が教会の礼拝に出席する、先進工業国の中でも最も宗教的価値観が息づいている国の一つであるが、その信仰は空間的に異なっている。アメリカを①福音《ふくいん》派（保守的で献身度が高いプロテスタント）地域、②リベラルなプロテスタント地域、③カトリック地域、に分類すると、アメリカ南部と中西部の一部が福音派地域、北部と西海岸、およびフロリダ半島の南部がリベラル地域、そして南西部およびルイジアナ南部がカトリック地域として特徴付けられる。この福音派空間の中で、南部に広がる一連の領域は、「バイブルベルト」と呼ばれ、聖書を文字通り信じ、個人の救いの体験

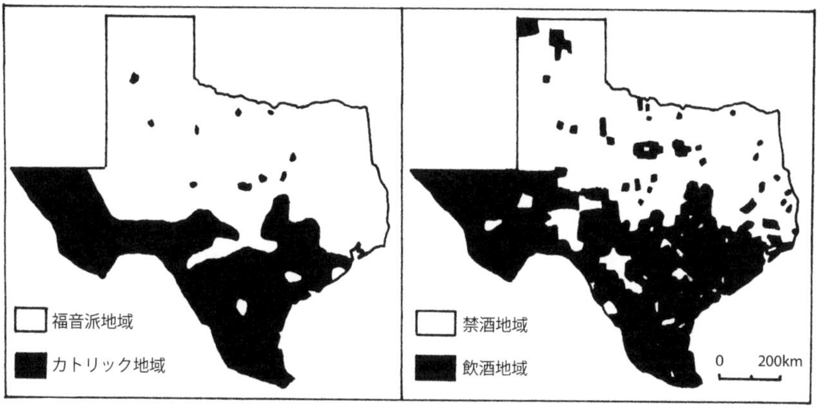

図 8.1　テキサスにおける宗教地域と禁酒地域
Jordan-Bychkov and Domosh（1999）による。

を重視する保守的なキリスト教が卓越する空間として知られている。

この宗教の地域差は、他の生活様式と密接なかかわりを持っている。福音派空間では、飲酒を歓迎しない態度をとっているプロテスタント教会が多く、アルコール飲料の販売を禁止しているカウンティ（郡）も少なくはない。**図 8.1** は、テキサス州における宗教空間と禁酒空間を示したものであるが、禁酒空間が福音派空間と、飲酒空間がカトリック空間と重なる傾向が読み取れる。このように、宗教の空間的分布は、他の文化・社会現象の分布と対応することがある。

(2) 環境

身の回りの様々な環境の中に神を見出し、それを信仰してきた例はいくつも挙げることができる。山菜を採ったり狩猟をしたりしている人々は山の神を信仰し、正月や春秋に神酒や鏡餅やオコゼなどの海魚を奉納して祭礼を行ってきた。また、海を生活の場としてきた漁師たちは、航海の安全を守る金《こん》比《ぴ》羅《ら》大権現《だいごんげん》を信仰してきた。しかもこの金刀比羅は、農業に必要な水の神でもある。

水をもたらす神の信仰形態と環境の関係をもう少し詳しく考えてみよう。雷が多く落ちる日本では、雷神は、一方ではそれにより農作物や建築物に被害を与えるものとして畏怖され信仰され、他方では雨の恵をもたらすものとして信仰されてきた。

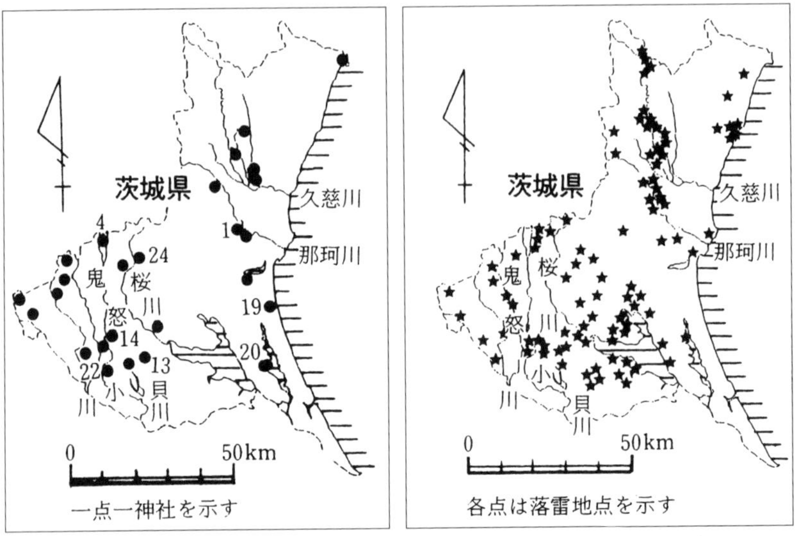

図 8.2　茨城県における雷神社の分布（左）と落雷の分布　松井（1995）による。

茨城県の落雷状況と雷神社《らいじんじゃ》の分布図を重ね合わせると、落雷の多い土地に雷神社が分布しているといえそうである（**図 8.2**）。この神社のうち金村別雷神社《かなむらべつらいじんじゃ》に注目し、その講《こう》が存在する土地を、水の豊富な低地とそれが乏しく農耕が困難な台地に分けて詳しくみてみよう。すると、水が豊富な低地では降雨や落雷は氾濫につながりかねないので、雷神を水雷除けの神として祀っているのに対し、台地では雨乞いの神として、つまり水をもたらす神として祀られていることが分かるのである（松井 1995）。

宗教と環境とのかかわりは都市の形にも表れている。東アジアを中心に見られる「風水《ふうすい》」の思想は、環境と陰陽五行などの信仰が重なりながら形成されたもので、ある土地の山や河川などの地形条件を読み解きながら、「気」が満ちるように建物などを配置していく。たとえば、江戸という都市を例に取ると、風水では北に山、東に川」、南に池や海、西に道がある事が必要だとされるが、江戸には北の方角に麹町台地、東の方角に隅田川、南に東京湾、西に東海道があることがわかる。沖縄県では墓地や家屋を作るときに、この風水が用いられてきた（渡辺 1994）。

世界的に風水に注目が集まったのは、香港にある香港上海銀行と中国銀行との風水にもとづいた競争だろう。1986 年に開設された香港上海銀行は、建物前面にたいして後面の方が高くなっていて、背後から「気」を呼び込んでいる。また正面の両側には魔除けが置かれるなど香港島の自然条件を風水的に解釈しながら設計されている。それに対して1989年に新築された中国銀行は、三角形をした全面ガラス張りのデザインをとっており、これは香港上海銀行に流れる気を断ち切り、ガラス張りにすることにより香港上海銀行から中国銀行に向けられた邪気を反射するよう意図されているのである（**図8.3**）。私たちの身の回りをよく見れば、環境と宗教との関わりを見出すことができるかもしれない。

図8.3　香港の中国銀行　2006年4月、森撮影。

(3) 景観

その土地に住む人々が何を信仰しているのか知るためには、景観に現れた宗教を読み取ることがもっとも手っ取り早い。たとえば、インドネシアに行ったとしよう。そこで見られるのは、イスラーム教のモスクであるから、この土地ではイスラーム教が信仰されていることが分かる。様々な宗教が存在するインドでは、モスクがたくさんあればそこにはイスラーム教徒が多く、ヒンドゥー教の寺院がたくさんあればヒンドゥー教徒が多いことが分かるだろう。

寺院や教会の周辺には「門前町《もんぜんまち》」と呼ばれるみやげ物販売店や宿泊施設が集まって形成された都市が見られ、ここからも宗教を読み取ることができるだろう。たとえば、奈良県天理市にある天理教本部にいたる道々には、天理教の教義に関わる本やハッピの販売店が軒をつらねている。また、本部周辺には、そこに全国から訪れた信者のための宿泊施設が集まっており、この空間が天理教にとって非常に重要な場所であることを読み取ることはたやすい。

教会や寺院、神社といった宗教施設の景観は、特定の価値観に基づいて作られている。例えばヨーロッパでは、教会は聖なる方向であるエルサレムに向いている。古い教会であれば、建物を上から見ると十字架の形をしている。同じ仏教であっても、宗派が異なれば建造物の形式や、敷地内の建物の種類が異なる。たとえば、浄土真宗には本尊を祀る建物と宗祖である親鸞聖人の御影堂が、真言宗の寺院であれば本尊と宗祖である弘法大師空海を祀る大師堂が置かれている。このように宗派の価値観が建物の種類やその配置に景観として現れている。

2.宗教の文化地理学的実践

(1) 分布図から宗教を把握する

■発見

宗教は空間的な広がりをもっている。

山形県にある月山《がっさん》、羽黒山《はぐろさん》、湯殿山湯殿山《ゆどのさん》は「出羽三山《でわさんざん》」と呼ばれ、それぞれ、月山神社、出羽神社、湯殿神社が建てられている。この出羽三山に対する信仰は、東日本一帯に広く見られるが、すべての土地で同じような信仰の形態を持っているわけではない。

図 8.4 は、出羽三山への参詣者の年齢と性別を示していて、ここからは出羽三山が存在する山形県下では若者の参詣が、隣接する県では成年の参詣が多いことが分かる。そしてさらに遠方の千葉県や群馬県には老年の参詣が見られる。なぜ同じ出羽三山を信仰しているのに、空間によってその形態が違うのだろうか。

■説明・解釈（分析・実証的アプローチ）

図 8.4 で見られる信仰形態の違いは、出羽三山からの距離によって説明される。距離が近いほど強い信仰が見られ、遠くなるにしたがって信仰形態が変化し、信仰が弱くなるのである。そして信仰形態と距離を関連させて「信仰圏《しんこうけん》」を描き出すことが重要な作業となる。

出羽三山周辺に若年者による参詣が多く見られるのは、単に体力や資金の問題ではなく、それらの空間に住む若年者がある年齢に達したときの儀礼として出羽三山参詣を行うためである（岩鼻 1983）。山形県下では 15 歳を迎えると、「十五の初参り」という通過儀礼として、出羽三山の参詣が村落の中で義務づけられてきたのである。出羽三山から半径 50km 以内にあたるこの空間を第一次信仰圏とみなす。

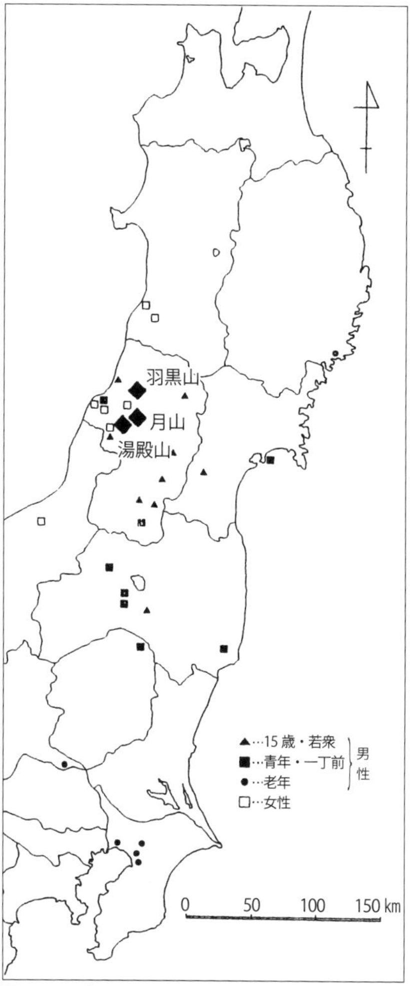

図 8.4　出羽三山への参詣者の年齢と性別
岩鼻（1983）を一部修正。

それに対して成年層による参詣が多く見られる空間では、毎回いくらかのお金を貯蓄して毎年講のメンバーの代表が参詣する「代参講《だいさんこう》」が多く見られる。この 50 ～ 150km を第二次信仰圏とみなせる。さらに老年の参詣が見られる空間では、出羽三山に参詣することで講のメンバーとして認められるという信仰形態が見られるという。この 150 ～ 350km を第三次信仰圏とみなせるだろう。このようにそれぞれ異なる信仰の圏域を策定できるのである。また、第二次信仰圏と第三次信仰圏の境界では、出羽三山の祭神《さいじん》の分身を自らの村に招き（勧請《かんじょう》）、建てられた石碑や末社が多く存在している。

もっとも信仰圏を描き出すことは研究の入り口にすぎない。信仰形態の違いは単なる距離の問題だけではないはずで、政治や経済の状況だってその要因となるだろう。またそれぞれの空間でどのように信仰が受容されているのか、あるいはいないのかということも重要な課題となる。

(2) 墓地景観に現われた集団アイデンティティ

■発見

宗教は空間的な広がりを持つだけでなく、景観として現れる。一般的に、アメリカ南部のカトリック墓地には、墓標として十字架が頻繁に用いられているのに対して、プロテスタント墓地では、その割合は低い。また、カトリックには特別定まった埋葬方向がないのに対して、プロテスタント墓地では、キリストが東から再臨するときに、キリストに向

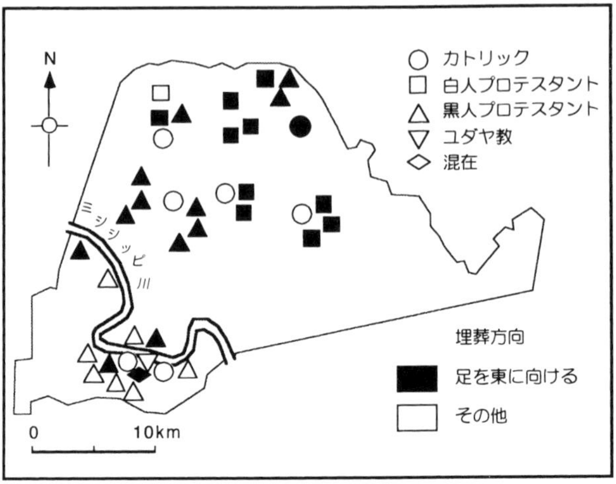

図 8.5 アメリカルイジアナ州アセンション郡における埋葬方向
中川（1997）による。

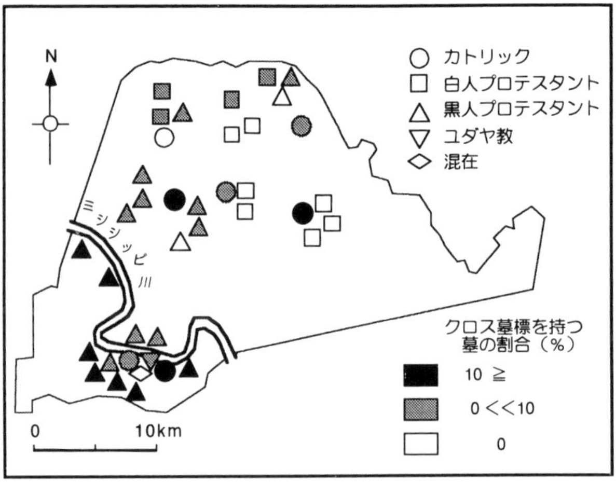

図 8.6 アメリカルイジアナ州アセンション郡におけるクロス（十字架）墓標を持つ墓の割合
中川（1997）による。

かって起き上がる準備をするように、遺体の足を東に向ける埋葬がほとんどである。

しかし、筆者の一人が、1984 年にルイジアナ州のアセンション郡で墓地を調査したとき、必ずしもそのような規範に従っているわけではないことを発見した。アセンション郡（人口 5 万）は、カトリックが卓越する郡であるが、特にミシシッピ川沿いや、郡西部でその性格が強い。一方、東部の台地には 1880 年の鉄道開通後流入したアングロサクソン系住民の割合が高い。人口の 23％を占める黒人は、両空間にまたがって分布するが、その大部分はプロテスタントである。カトリックとプロテスタントの墓地景観が異なることは、他空間と同様であるが、プロテスタントの中で、白人墓地と黒人墓地では、異なった景観パターンを示すのである。

図8.5は、アセンション郡の墓地の埋葬方向を、示したものである。若干の例外はあるが、カトリック墓地は東向き埋葬のパターンを示さないのに対して、白人プロテスタント墓地は東向きであり、他空間と同様である。ミシシッピ川以東の黒人プロテスタント墓地は白人プロテスタントと同様であるが、西アセンションの黒人プロテスタント墓地では25%のみが東向きであり、カトリック墓地に類似したパターンを示す。

図8.6は十字架を墓標としている墓の割合を示す。カトリック墓地に十字架が多く白人プロテスタント墓地に十字架が少ない傾向は他空間と同様である。しかし、西アセンションの黒人プロテスタント墓地には、比較的多数の十字架墓標が見られ、カトリック的な傾向を示している。

以上のように、フランス系ルイジアナの西アセンションにある黒人プロテスタント墓地が、いくつかの点でカトリック的な景観の特徴を示すという傾向が発見された。

■説明・解釈（分析・実証的アプローチ）

西アセンションの黒人プロテスタントが、景観からみてカトリック的な特徴を示す要因に、どのようなものが考えられるだろうか。南北戦争以前には、この空間の黒人たちは、奴隷であったために、白人である主人の通うカトリック教会に通わされていた。しかし、奴隷解放後、次々とプロテスタント教会を作り、カトリック教会を離れていった。また、プロテスタントとなった後も、カトリック教会に残った黒人と黒人プロテスタント間の結婚も行われてきた。そのために、プロテスタントとなった後も、カトリック的な景観要素が残ることはあったと思われる。

しかし、同時に、この空間ではカトリック的な要素が、宗教的と考えられるよりも、空間に伝統的なものであると考えられているようである。黒人プロテスタントの信者への聞き取りによると、十字架墓標を「カトリック的」であるととらえる黒人プロテスタントは少なく、ただその空間に一般に見られる墓標の選択肢の一つとしてとらえられているうえに、十字架墓標が他の規格化された墓標よりも安価であることも、採用されやすい要因となっているようである。

墓地など文化景観は、住民が自らの意思で形成するものではあるが、多くの場合なぜ特定の要素を選ぶかに関して、「それがふさわしいから」、とか「きれいだから」とかいった、常識的な返事しか得られない場合があるために、いくつかの仮説を立てた上で、検討を進めていく必要がある。

(3) 聖地と宗教施設の意味

■発見

宗教的な場所や施設は、宗教集団の信者や信徒にとって神聖な意味や価値を持っている。しかし、これらは観光事業や国家政策の中で、宗教以外の価値や意味を持つこともある。例えば、長崎県長崎市の教会群は、キリスト教的な意味だけでなく、観光地としての価値を持っている。2007年には「長崎の教会群」が日本の世界文化遺産暫定登録リストに掲載された。こうした、宗教の聖地や建造物が持つ価値や意味の多様性はどのように考えればよいのだろうか。

■説明・解釈（意味論的アプローチ）

聖地や宗教的な施設は、信仰や教義という理解の枠組みに基づいて、ある場所や建造物に、聖なる意味や価値が結びついたものである。このように考えれば、信仰や教義を共有しない人々は、同じ場所や建造物を、観光や文化財、国家的な意味や価値と結びつけることもある。場所や景観が、特定の理解の枠組みの中で、意味や価値と結びつき、別の理解の枠組みの中で、別の意味や価値と結びつくこと考える方法を、記号論という。

聖地や宗教的施設が、宗教以外の意味や価値と結びつくことを考えるとき、どのような立場の人が、どのような価値や意味を与えるのかに焦点をあわせる必要がある。宗教的な聖地や施設に別の価値が与えられると、その場所や空間に信者・信徒以外の人たちが立ち入る可能性もあり、それに対する反発も見られる。

長崎県の教会群を例に考えてみよう。教会群が世界文化遺産に登録されれば、信仰と礼拝の場である教会に観光客がやって来ることになり、宗教関係者と観光客との間に軋轢が生じかねない。両者の間を取り持つのが観光化のエージェントたちで、長崎の場合には、2001年に結成された「世界遺産の会」がこの役割を担った。行政関係者、地元企業やマス・メディア、教会関係者らから成るこの組織は、長崎の教会群の歴史的価値、審美的価値、風土的価値を強調し、しかもこの教会群の価値は、教会の保存・公開と観光との調和によって広くアピールされると考えた(松井 2013)。

このエージェントたちは、教会の宗教的な価値を、歴史的、審美的、風土的価値という歴史や文化の価値に置き換えている。つまり、彼らの理解の枠組みでは、教会と歴史や文化の価値とを結びつけたわけである。とくに、日本においては、行政は宗教的な事象に関与することができないために、しばしば宗教的な聖地や施設と、文化や歴史の価値を結びつけることで、行政の観光政策に宗教に関連する事象や建造物を活用しようとしてきた。

キリスト教以外の例では、海岸の風景美で有名な高知県室戸市で、僧侶の弘法大師空海が若いころに「悟り」を開いたといわれる洞窟、「御厨人窟《みくろうど》」を紹介しておこう。これは、空海を宗祖とする真言宗の「聖地」となっている。御厨人窟だけでなく、付近一帯には弘法大師が目を洗ったといわれる「目洗いの池」など弘法大師にちなむ場所が存在している。この洞窟は、1986 年の「弘法大師入定《にゅうじょう》千百五十年御遠忌《ごおんき》」というという特別な年のために聖地を必要として探していた真言宗の豊山《ぶざん》派と、観光と地域振興の目玉を必要とする室戸市が共同して設定し、周辺を整備したものである。豊山派にとってはこの洞窟は宗教的な価値を持つ聖地であるのに対して、室戸市にとってはこれの宗教的な価値を強調することはできず、代わりに弘法大師空海以降の室戸の歴史や文化の価値を強調したのだった(図 8.7)。

図 8.7 高知県室戸市の御厨人窟
洞窟内には五所神社という神社が設置されている。

同じ場所や施設でも、立場や理解の枠組みが異なれば、どのように異なる意味や価値が与えられているかを考えてみよう。

考えてみよう

1. 次の宗教の景観的特徴は何か考えてみよう。

　神道／仏教／キリスト教／イスラーム／ヒンドゥー

2. あなたの身の回りに、次の自然要素と結びついた社寺仏閣としてどのようなものがあるか調べてみよう。

　雨／地震／洪水／月／太陽／海

3. 聖地や宗教施設を複数書き出し、それぞれが立場の違いによってどのような意味や価値を持つのか考えてみよう。

調べてみよう

自宅や大学周辺の社寺仏閣について調べてみよう。どのような歴史があるのか、敷地内にどのような建物がどのように配置されているのか。多くの石碑や石塔などは寄進を示している。何年にどこに住む人から寄進があったのだろうか。

岩鼻通明（1983）「出羽三山信仰圏の地理学的考察」『史林』第 66 巻 5 号。

中川 正（1994）「バイブルベルトの風土」『地理』第 39 巻 7 号。

中川 正（1997）『ルイジアナの墓地―死の景観地理学―』古今書院。

松井圭介（1995）「地形条件からみた雷神信仰の空間的展開―金村別雷神社の信仰圏をてがかりとして―」『宗教研究』第 69 巻 1 号。

松井圭介（2013）『観光戦略としての宗教―長崎の教会群と場所の商品化』筑波大学出版会。

渡辺欣雄（1994）『風水気の景観地理学』人文書院。

Jordan-Bychkov, Terry G. and Mona Domosh（1999）*The Human Mosaic*（8th ed.）, Longman.

森　正人・中川　正

コラム　宗教と政治—沖縄の祭祀施設を読む—

　現在の沖縄県につながる琉球王府には神道はなかったため、ほとんど神社も存在していなかった。日本本土の神社にあたるものとして、石やクバやガジュマルの木に覆われた聖地「御嶽《うたき》」が各村の信仰の場であり、祭礼なども催されていた。

その御嶽には社殿はなく、中心がイベと呼ばれる聖地で、その前方に香炉をそなえた拝所《うがんじゅ》がある。

各字（旧村）の人々は自らの字の御嶽を信仰しており、決してほかの字の御嶽を拝むことはない。そして、それぞれの御嶽の間に上下関係は存在しなかった。

しかし、第二次世界大戦が開始されると、沖縄の村々からも多くの出征兵士を出さねばならない状況がやってきた。ところが、出征兵士の見送りや戦勝祈願をしようとしても、村々の御嶽はその村でのみ機能しているから、全員がそろって戦勝を祈願する宗教施設としては不適だった。そこで全員が祈願できる宗教施設を新しく作り出す必要があると考える人たちが現れたのである。

1941 年に赴任した早川知事とその下で嘱託として活躍した鳥越憲三郎は、各村の御嶽拝所を統合して各村に神社を創立する「御嶽村社化運動」を画策した。当時の日本では天皇を頂点とし、国幣社、官幣社、県社、郷社、村社というヒエラルキーが形成され、人々は村社の関係者「氏子《うじこ》」として天皇に連なっていた。「御嶽村社化運動」は、御嶽を神道という宗教組織へと組み込もうとする運動だった。

1941 年には沖縄神祇《じんぎ》院が設立され、翌 1942 年には護国神社が竣工された。1944 年には御嶽が正規神社に認可され、各町村には村社に当たる神社を建立することが決定された。しかし、1944 年に鳥越は辞任し、この運動は頓挫することとなった。

沖縄の御嶽をめぐるこの事例は、宗教的な景観が持つ意味や形態そのものが、ある時代の政治状況と関わりながら作り出されることを示している。どのような社会の状況で、いつから宗教的な景観やその意味は存在するのか、その「歴史性」を追究することが必要なのである。

大城直樹（1992）「村落景観の社会性—沖縄本島北部の祭祀施設の場合—」『歴史地理学』159。

森　正人

第9章 民俗の文化地理学

1.民俗と空間・環境・景観

(1) 空間

日常生活を見回してみると、その土地特有の生活習慣やお祭りなどの儀礼などがあることに気がつくだろう。ここでは、ある空間や場所ではぐくまれてきた文化をとりあえず「民俗」と呼び、どのように捉えることができるか考えてみよう。

まずは、昆虫を食べるという民俗を持っている空間について考えてみよう。**図9.1**は、中部地方の各地においてクロスズメバチというハチの仲間をどれくらいの頻度で食べるか示している。ハチを捕まえて食べるという食習慣は、中部地方にかぎらず日本各地で見られる。

野中（1989）によると、中部地方におけるクロスズメバチの調理法は、なまもの、煎りもの、煮付けもの、混ぜご飯、すし、五平餅の6種類があるという。図からは、まれにこれを食べるのは岐阜県北部や長野県北部に限られ、日常的にこれを食べるし、ごちそうにも用いるのは、岐阜県南部周辺に集中しており、日常的にこれを食べる空間がそれを取り囲むように広がっている。

この空間差は、それぞれの空間のハチを捕まえる方法と関係している。日常的にも、ごちそうにもハチを食べる空間では、肉を用いてハチをおびき寄せて餌付けし、ハチの巣を発見したり、ハチの巣が小さいうちに採取したりすることで、安定的にハチを採取している。これに対して、まれにしかハチを食べない地方では、安定してハチを採取する方法

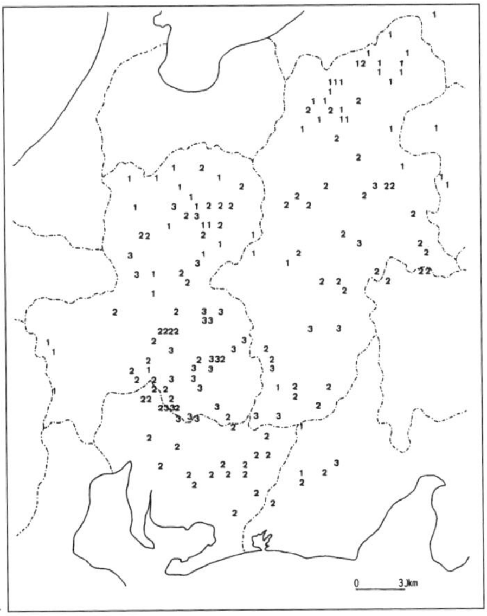

1…まれに食用とする
2…日常的に食用とする
3…ごちそうにも用いる

図 9.1 クロスズメバチの食用の程度の分布
野中（1989）による。

を取っていないことが分かった。民俗の空間差は、単にそれぞれの場所で維持されてきた習慣が違うというのではなく、それぞれの空間の自然的要因、技術的要因と関わっているのである。

（2）環境

人々の生活は、それぞれが生きる環境によって制約を受けているし、人々はその環境を少しずつ改変しながら生活を作り出している。たとえば、現在のようにガスが使えるようになるまでは、薪の採取は重要な生活習慣だった。

滋賀県の琵琶湖周辺では、立春から数えて 88 日目の夜までに薪の伐採を終了させねば、残りが没収され、違約金を払わねばならないという習慣が存在した。88 日目はおおよそ春にあたるが、このころは木の成長期に入っており、この時期に木を伐採すると新しい木の芽の成長を阻害する恐れがあり、森林の資源を先細らせる可能性があるからである。また、春先までは木の葉はたくさん地面に落ちているし、薪も乾燥していて、燃料として都合がよい。このように、自然環境のサイクルにうまく適応した生活のルールが存在していたのである（出口 1993）。

より身近なモチを例を挙げてみよう。現在では、冬になるとスーパー

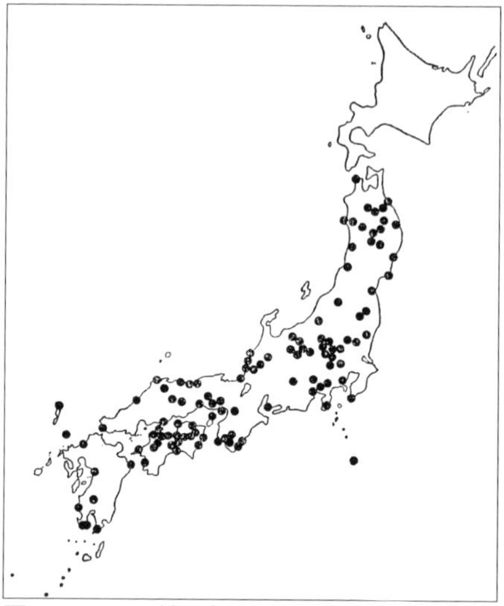

図 9.2 モチ以外の新年の儀礼食
坪井（1982）による。

だけでなくコンビニでも電子レンジでチンと温めるだけでできあがるモチが販売されている。しかし、日本中で正月という特別な日にモチを食べていたわけではないようだ。

図 9.2 は新年の儀礼食としてモチ以外を食べる空間を示しており、中部地方を除くと全国的に正月にモチを食べていなかったことが分かる。モチの代わりに、東北地方では山芋、九州地方では里芋を食べており、それ以外では里芋か山芋のどちらかを食べていた。さらに、モチと一口に言っても、普段口にする米から作られたものとは限らない。つまり、ソバやアワといった雑穀、ワラビやクズなどの山菜、豆や栗などの野菜や木の実などを米に混ぜて作られる場合も多いのだ（坪井 1982）。

私たちはとかく、日本は稲作を中心とする農業が展開してきたと考えがちだが、九州や四国の山間部、東北地方では、焼畑で雑穀が栽培されてきたことが分かってきている。そして、雑穀が積極的に栽培されてきた地方では、モチよりも雑穀が儀礼の食事として優先されることもあるのだ。

(3) 景観

たとえば、田舎のある村に行ったとしよう。村内にはそこに住む人々の生活や信条が景観として現れていることを、すぐに知ることができるだろう。村の内部へと向かう道には、自分たちの村の境界をはっきりと示すために、祠《ほこら》や碑《いしぶみ》が設置されていることが多い。関東から中部地方あたりでは、道祖神《どうそじん》とよばれる男女の神像や性的な形態を持つ像、近畿地方では山の神、さらに九州地方では猿田彦《さるたひこ》大神や地蔵菩薩が多く村の境界にまつられているという（原田 1957）。

これらは、単に村の境界を示しているだけでなく、村の中に災厄が侵入するのを防ぐまじないとしても機能している。また、一年のある時

図 9.3　香川県佐柳島の両墓制の景観
手前の小さな石塔が埋め墓、後ろの大きな石塔が詣り墓。

期だけ注連縄《しめなわ》が張られる場合もある。奈良県や滋賀県では、正月の初めに「かんじょう」吊り、「かんじょう」縄と称される注連縄を、村の入り口と出口に張るのである。こうした景観から、村の内部の神聖さを維持するために、穢れたものを防御しようとする人びとの考えが読み取れる。

墓地の景観からは、村の人々が死をどのように考えているか読み取ることもできる。墓地はどこにあるだろうか。家が密集する村の真ん中ではなく、中心から少し離れた田畑の脇にあるならば、死者を村落の中にまつるけれども、それをできるだけ遠ざけておこうという人々の心情が分かるかも知れない。

さらに、近畿地方を中心に、遺体を埋める「埋め墓」と、霊魂を祀り日常に墓参りを行う「詣《まい》り墓《ばか》」の２つの墓が存在する「両墓制《りょうぼせい》」が見られる。この両墓制は、江戸時代ごろから次第に一般化したと考えられている。死者のけがれをできるだけ遠ざけるという心情と、祖先の霊はまつりたいという心情からできたという説もあるが、よく分かっていない（図 9.3）。しかし、たとえば村の人々みんなが両墓制を採用しているのか、それとも村落内の圧倒的多数が両墓制を行っているが特定の家のみが両墓制を採用しないのかなどを観察すれば、その村落内の人間関係の一端が見えてくるかもしれない（福田 1993）。

2.民俗の文化地理学的実践

(1) あの世はどこにあるのか？―ヒロシマへ行く―

■発見

人びとが日常的に用いる言葉に注意してみると、その土地の人びとの世界観が読み取れるかもしれない。

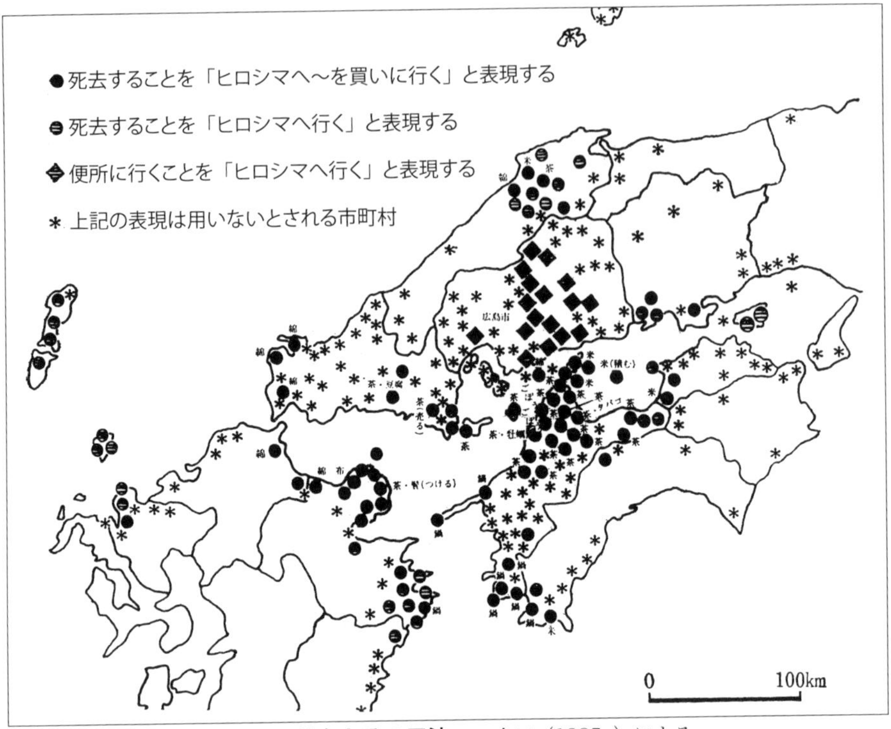

図 9.4 「ヒロシマへ行く」の分布とその用法　小口（1985a）による。
注）図中に示した品目は、買い物の目的とされる物品。

西日本では人が死去したとき、あの人は「ヒロシマへ行った」とか、「ヒロシマへ茶を買いに行った」と表現してきた。**図 9.4** からは、人が死去することを「ヒロシマへ行く」と表現するのは、大分県南部、岡山県、島根県、香川県の小豆島で、死去することを「ヒロシマへ～を買いに行く」と表現するのは、愛媛県、大分県北部、山口県であることが分かる。一方、トイレに行くことを「ヒロシマへ行く」と表現するのは、当の広島県内に限られる。

この空間の人びとが用いる「ヒロシマ」には、どのような世界観があらわれているのだろうか。

■説明・解釈（意味論的アプローチ）

ここでいうヒロシマは現実の広島県や広島市ではない。「ヒロシマ」とはこの地方の人びとがイメージする抽象的な「あの世」なのである。

図 9.4 から、それぞれの用法ができあがった順番を推測してみよう。

新しいものが中心に残り、古いものは遠くまで伝播するという考え方によると、死去することを「ヒロシマへ行く」と表現する用法がもっとも古く、死去することを「ヒロシマへ〜を買いに行く」と表現する用法が次に、そしてトイレへ行くことを「ヒロシマへ行く」と表現する用法が最後に登場したことになる（小口 1985a)。

死去することを「ヒロシマへ〜を買いに行く」と表現する場合、「〜」には茶、タバコ、綿、ゴボウなどが用いられる。山口県のある地方では死者の首に茶袋をかける風習があり、また香奠返《こうでんがえ》しの品としてこれらが選ばれやすいことなどから、これらの品々は死を連想させる。だから、茶やタバコを買いに行くという表現になるのだろう。

死者の行く空間をヒロシマと呼ぶ理由はよく分からないけれども、それぞれの用法のできあがった順番から考えると、次のように推測できる。昔は「ヒロシマ」が非常に抽象的なあの世のイメージであった。それが、具体的な商業都市である広島市と次第にダブるようになると、広島市自体は「死」のイメージと関係ないから、死と関わりのある茶や綿などの品々を買いに行ったという用法ができあがった。さらに第二次世界大戦中に広島市が原子爆弾の被害にあったことにより、広島市とあの世が直接に結び付けられるようになったのである。

(2) ムラの領域と民俗行事

■発見

「○○村の民俗」というと、行政区画にきちんとおさまる村落をイメージするだろう。

図 9.5 は茨城県つくば市の中坪《なかつぼ》と下坪《しもつぼ》の民俗行事「虫送り」と、「道切り」が行われる場所を示している。この２つの行事は、村の外に災厄を追い出すための儀礼である。つまり、この行事や儀礼が行われる地点が、村の境界だと考えられるのである。

この地区では、作物の害虫だけでなく病気を引き起こす抽象的な「虫」をムラの外に追い出す虫送りが、夏の土用の入りから３日目の日に行われてきた。当日、地区内の人々は、一同で行列をつくって古くから決められている６ヶ所の地点を巡り、そこで村に厄災をもたらす虫を村から追い出すことが図からは分かるだろう。ここが虫送りで示されるム

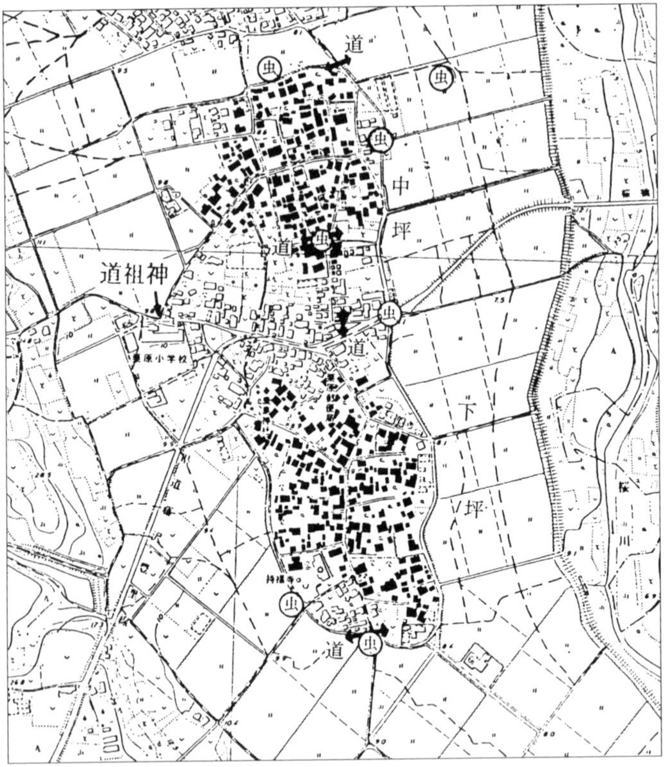

図 9.5 茨城県つくば市中坪・下坪における虫送り
小口（1985b）による。

ラの境界である。

一方、「道切り」とは、夏の祇園祭の際に、道路をまたぐように２本の竹をたててその間に注連縄を張る行事である。**図 9.5** にある北と南の２ヶ所の道切り地点がムラの象徴的な入り口となるのである。

虫送りと道切りが行われる地点によって描き出される村落は、行政上の範域よりせまい。この領域のズレはどのように考えられるのだろうか。また、村落に住む人びとは、こうした儀礼を通して以外に、どのような意味を村落の特定の場所に与えているのだろうか。

■説明・解釈（意味論的アプローチ）

虫送りと道切りが行われる地点が行政範囲よりもせまいのは、人びとが心の中に描く村落の範囲が、現実の行政範囲よりもずっとせまいからだと考えられる。

２つの儀礼が行われる場所をくわしく見ると、人々が居住する場所からのびる道路上であることが指摘できる。そしてそれらの地点を結ぶことでできあがる領域の内部が、この地区に住む人々にとっての村落だと言えるだろう（小口 1985b）。

民俗学では村落は、人々が住む「ムラ」、田畑で野良仕事をする「ノラ」、燃料採取などのための「ヤマ」という３つの領域で構成されていると考えてきた。この３層のムラは行政上の範域と必ずしも一致せず、しばしばそれよりも狭い範囲である。

ムラは模式的には３つの領域に分けられるが、さらに様々な意味を持つ場所がその中には存在するのである。虫送りによって示される村境は道路の交差点であるのに対して、道切りで示されるそれは交差点ではないし、さらに前者が後者よりも外側であることも指摘できる。なぜそれぞれの行われる場所が異なるのかはよく分からないが、両者の地点はともにムラの境界であるものの、それぞれが持つ意味が異なっている。ここでは２種類の村境が存在しているのである。

川、海、峠、坂のような自然条件によって物理的に村の境界が明示されている場合もあるし、虫送りや先に紹介した道祖神や勧請縄などのように象徴的な儀礼によって境界を示す場合もある。橋のたもとや井戸や辻などでも災厄を追い払う行事が見られ、これらの場所も何らかの境界と考えられる。こうした「境の場所」は、日常世界とあの世などの特別な世界との境界を示しているといえるだろう。

八木（1984）は、これらの境の場所は、きっちりと区分したり分類したりすることができない両義的《アノマリー》な空間であるために、特別な場所になるという。たとえば橋を渡っている間、どちらの岸に属しているかあいまいで両義的でもある。あるいは四つ角に立てば、どの方向に進んでいるのかあいまいになる。

きちんと区分できない両義的なものは、しばしば特別なものとして認識される。民話で登場する人と鬼の子はきちんと区分できない両義的な存在であり、物語の主人公となる。同じように両義的な空間は、人々に特別な場所として認識されるのである。

(3)「よさこい」ブームとフォークロリズム

■発見

近年、地方で行われる祭りが活発になっている。若者たちが祭りから離れ、祭りを担う人々の高齢化がかつて叫ばれていた。しかし今日私たちが目の当たりにするのは、祭りに向けて何ヶ月も前から練習を行い、祭りで熱狂的な踊りを見せる若者たちの姿だ。

ただし若者たちは、どんな祭りに対しても情熱を傾けるのではない。若者たちは曲や踊りや使用する道具を自由にアレンジすることができ、また他のグループと競い合う「よさこいYOSAKOI系」と呼ばれるスタイルの祭りへ情熱を注いでいるのである。そして、高齢化に直面した多くの地方では、若者たちを呼び込むために、「よさこいYOSAKOI系」のスタイルを採用することがとても多くなっている。

このよさこい系はどのようにして始まり日本中に広まっているのだろうか。また、新しくつくられ広がっていく祭りをどのようにとらえられるだろうか。

■説明・解釈（意味論的アプローチ）

よさこいのスタイルは、高知県高知市で1954年から商店街や空間活性化を目的として開始された「よさこい祭り」に起源を持っている。鳴子という木製の楽器を手に町中を踊りながら練り歩くこのスタイルは、このよさこい祭りで最初に発案されたのである（内田2003）。

1971年には会場が限定されてはいたが、踊りのバリエーションが公式に認められ、1970年代を通して、踊りで使用する楽曲も踊りを先導する地方車《じがたしゃ》の上で、バンドがロックを演奏したり、和太鼓などが打ち鳴らされたりと、祭礼のスタイルは流動化していった。1981年に、本来の楽曲とは異なるこうしたオリジナルの音楽が承認されると、1981年には65チーム（約7千人）の参加があったものが、1983年には85チーム（約1万人）の参加へと祭りの規模が膨れ上がったのである。

異常な盛り上がりを見せていた高知県のよさこいが全国的な展開を見せる契機となったのは、1992年より北海道札幌市でスタートするYOSAKOIソーラン祭りであった。これは高知市のよさこい祭りに感銘を受けた学生が中心となり、それをモデルとして始めたものである。しかも1995年のこの祭りの経済効果は130億円と試算され、単なる学生の始めた祭りという規模をはるかに超えているのである。

民俗学は、祭礼の本来の目的を神や霊を人間が招いて対話し和ませることと定義し、しかもそれは世代を超えてくり返し行われると言ってきた。この定義からすれば、新しく登場した和太鼓もよさこい系の祭りといった民俗《フォークロア》は、ニセモノの民俗《フェイクロア》、あるいは類似した意味を持つ「フォークロリズム」となるだろう。

ドイツを舞台として議論されてきたこのフォークロリズムとは、民具や玩具に顕著なように商業用として、あるいは愛国心を鼓舞するために作られたり利用されたりする、まがい物の「民俗」への批判として登場した（八木 2003）。しかしながら、ある空間で長い時間をかけてはぐくまれ、変化することなく今日まで続いてきたものとして民俗を想定することは本当に可能なのだろうか。本物とニセモノそれぞれの民俗に関わっている人たちの取り組みや意識には、本当に大きな違いがあるのだろうか。本物とニセモノとの区分は、誰にとって重要なのだろうか。

このように調査する人と調査される対象との関係にまでさかのぼって考えることが、フォークロリズムをめぐる議論では行われるようになっている。文化地理を学ぶ私たちに必要なのは、本物とニセモノの区分ではなく、それらがどのような人びとによって維持されているのか、どのように空間と関わっているのかを考えることなのかもしれない。

考えてみよう

1. あなたが食べたことのある正月の雑煮について考えてみよう。餅の形、具材、出汁などどのような特徴があるのか、紹介し合おう。同じ県内であってもどのような違いがあるだろうか。
2. あなたが行ったり参加したりしたことのある祭礼を挙げ、どのような特徴（祭神、開催日、参加者の特徴）があるのか考えてみよう。
3. あなたが知っている妖怪を挙げよう。どのような場所や習性などを持つのか、妖怪データベース（https://www.nichibun.ac.jp/YoukaiDB/）でも調べてみよう。

調べてみよう

自宅や大学周辺の祭礼を調べてみよう。それと類似した祭礼は県内や国内の他の場所にもあるだろうか。どのような自然や環境条件と祭礼は関係しているのだろうか。どのような歴史があるだろうか。どのようにして行われているのだろうか。

内田忠賢（2003）『よさこい/YOSAKOI学リーディングス』開成出版。
小口千明（1985a）「忌言葉『ヒロシマへ行く』にみる他界の認識像とその変化」『歴史地理学紀要』27。
小口千明（1985b）「農村集落における精神的村境の諸相」『城西人文研究』12。
坪井洋文（1982）『稲を選んだ日本人』未来社。
出口晶子（1993）「琵琶湖水運と陸の環境変動」鳥越皓之編『試みとしての環境民俗学』雄山閣。
野中健一（1989）「中部地方におけるクロスズメバチ食慣行とその空間差」『人文地理』41-3。
原田敏明（1957）「村の境」『社会と伝承』4。
福田アジオ（1993）「両墓制の空間論」『国立歴史民俗博物館研究報告』49。
八木康幸（1984）「村境の象徴論的意味」『人文論究』34-3。
八木康幸（2003）「フェイクロアとフォークロリズムについての覚え書き」『日本民俗学』236。

森　正人

コラム　創られた伝統とふるさとの太鼓

イギリスの北方、スコットランドのタータンチェックの民族衣装は、男性がタータンチェックのスカートを着用するという意外性が好評で、伝統的なイベントで着用され、ガイドブックでもかならず写真入りで紹介されている。しかし、スコットランドの高原地方に長く住んでいたのは隣の島アイルランドからの移民で、しかもマントを羽織っていた。また、タータンチェックは家柄ではなく身分階級を表していた。つまり、私たちが考える伝統的な民族衣装など存在しなかったのだ。

18世紀中ごろ、イギリスのヨークシャー出身者がスコットランドで経営する溶鉱炉では、作業の効率化のためにマントを短くし、代わりにスカートを着用させた。労働者であることを表すタータンチェックのスカートができあがった。

スコットランドがイギリス政府によって鎮圧された18世紀初頭以降、スコットランドの生活様式は急速に崩壊していった。滅びゆくスコットランドの生活様式をなげいた上流階級や中産階級は、それまで見向きもしなかったタータンチェックのスカートをスコットランドの伝統文化と見なしはじめた。ここに伝統は創られたのである。

現在、郷土芸能として祭りやイベントなどで多く目にする和太鼓の演奏も、創られた伝統である。そもそも、何人もの人が太鼓を打ち鳴らすという演奏法は、日本の太鼓音楽には存在しなかった。実際、広島県と長崎県の和太鼓グループの創設時期を調べると、とくに 1980 年代半ば以降に多くが創設されたことが分かる。

1955 年から日本は高度経済成長期に入り、農村では次第に過疎化が深刻な問題となり始めた。そのため、とくに 1980 年代に地方活性化は重要な行政課題となり、都市や中央に住む人びとに対して地方は自らの独自性を強調しながらアピールしていた。祭り、踊りといった空間の独自性を感じさせるものが、復活したり創られたりした。新たに創り出された芸能は「郷土芸能」とよばれた。

和太鼓集団は、このような時代の中で行政からの財政援助を受けながら次々と登場した。和太鼓グループの創設においては、太鼓の指導者の元をたずねたり、あるいは地元に招いて指導を受けたり、さらには太鼓グループの結成支援を業務とする民間機関から講師の派遣を依頼するという場合も多い。また教則本やビデオや CD などを用いて練習することも可能となっている（八木 1994）。

文化はたえず作り上げられるのであり、和太鼓グループの登場もそうした動的な文化のひとつである。しかし、和太鼓グループは、そのグループ名に、地名や町名、町内のよく知られた自然や景勝地、伝説、民俗行事など空間の要素を取り入れ、強調していた。和太鼓はつねに空間との関わりを保持し続けてもいるのである。

ホブズボウム、E.・レンジャー、T. 前川啓治・梶原景昭訳（1992）『創られた伝統』紀伊國屋書店。
八木康幸（1994）「ふるさとの太鼓―長崎県における郷土芸能の創出と地域文化のゆくえ―」『人文地理』46-6。

森　正人

コラム　田舎と都会

グリーン・ツーリズムとは、農村で田植えや収穫などを体験したり、棚田のオーナーになったりする活動である。「田舎」での体験観光に参加する多くは、都会に住む人びとである。田舎は、都市の人びとの癒しの場となっていて、都会によっていわば「消費」されている。

民俗学は、地方の普通の人びとが伝えている生活文化を研究の対象としている。学問とまではいえなくても、同じように地方や田舎の生活を紹介する雑誌『旅と伝説』、『民俗芸術』は、1928年に発刊されている。この時期の日本は、鉄道を用いた国内観光が本格的に展開していた。こうした人間の移動の可能性が、地方の生活文化に対する関心を作り上げる一因となった。そして地方や田舎に関心を持ったのは、その場所以外に住む人びとであり、ある一定度の知識を持っていた。都会の知識人たちが田舎を「発見」していったと言えるだろう。

都会による田舎の発見については、イギリスの例がとてもわかりやすい。17世紀以降のイギリス文学で描かれる田舎には「自然の秩序」があり、人間はそれを享受することができるとされた。たとえば豊穣な果実や鳥類は、人間の方へ食物としてやってくると描かれていた。しかし、実際にはそれらを生産したり、収穫したりする労働者は存在していた。そして当時、田舎の人びとの土地は、お金を持つ資本家によって収奪されていた（ウィリアムズ 1985）。

同じことは、同時代の絵画にもいえ、そこでは整然とした田園風景に土地所有者が描かれてはいるものの、本来いるはずの農業労働者は描かれていない（バージャー 1986）。都会の人びとにとっての田舎は、現実的な社会的問題を隠蔽した観念的で理想的なものだったのである。田舎と都会には、力関係の大きな差が存在した。

再び日本に戻ってみよう。すると田舎と都会の関係は観光などにも現れていることがわかるだろう。たとえば観光地のみやげ物になるのは、都会にはない、田舎らしい素朴さを強調するものが多いのではなかろうか。その土地の素朴な、しかし美的な生活文化を感じさせるものとして、焼き物や民芸《みんげい》も重要な観光のみやげ物である。

都会に住む人びとが、田舎とはこうあるべきだという理想化されたイメージを持っているなら、都会と田舎との間に経済的な格差があるから、どうしても都会のイメージに沿った田舎を演出しなければならなくなる。素朴な生活文化と美の象徴である民芸も、たえず都会からの「まなざし」を意識しているわけだ。

民芸で有名な大分県の小鹿田《おんた》では、機械を用いずに陶器を製作している。しかしそれは単に都会からのイメージに支配されているのではない。1960年代に機械化が進む産業界に歩をあわせるように、他の陶芸の空間では機械を導入した。当時は、都会からの理想的な田舎に対するまなざしが強くなっており、機械化して都会のニーズに合う民芸をたくさん製作する方が経済的には成功していた。しかし、短期的な経済的成功ではなく、小鹿田の伝統的な技法を守っていく方が長期的に見れば重要であると、陶工自らが判断し、機械導入を拒否し伝統的な製法を維持したのである（濱田 2006）。

田舎と都会との間には力の格差があるが、そうした格差に生きる人びとがどのように自らの生活様式を選択しているのかということを考えることも重要なのである。

ウィリアムズ、R.　山本和平・増田秀男・小川雅魚訳（1985）『田舎と都会』晶文社。
バージャー、J.　伊藤俊治訳（1986）『イメージ』PARCO 出版局。
濱田琢司（2006）『民芸運動と地域文化―民陶産地の文化地理学―』思文閣出版。

森　正人

第10章 政治の文化地理学

1.政治と空間・環境・景観

政治と地理学は、一見何のかかわりもないように見える。しかし、空間、環境、景観という視点から政治を見ると、今まで見えてこなかった政治の側面が浮かび上がってくる。

(1) 空間

グローバルなスケールでもローカルなスケールでも、政治は空間を基盤としている。地球を外から眺めると、国境などは目に入ってこない。国境は、領土の境界線として人為的に引かれたものである。そしてその領土という空間的拡がりは人為的に決定されたものである。そのために、複数の国々の間で領土に関する主張がなされ、領土紛争などがしばしば起こっている。私たちが、普段何気なく用いている「国」や「国家」は、政治の空間的な現れである。

日本にある47都道府県も、空間的広がりを持った空間であるが、その起源は古いものではない。近世には日本は様々な藩や代官領に分割されていたが、明治政府のもと、1871年に廃藩置県が断行され、同年中に3府72県が成立した。その後の変遷を経て現在の47都道府県となったが、その領域も固定しているわけではなく、政治的な状況に応じて変化を続けている。たとえば、長野県山口村は、2005年2月13日に、県境を越えて岐阜県中津川市と合併したために、県域の変更が行われた。また、「平成の大合併」と呼ばれた市町村の合併は、市域の変更

図 10.1　ボルンホルマー通り（Bornholmer Straße）に残る壁の残骸と、横にそえられた記念碑
小島千佳撮影。

を生じさせた。こうした事例から、行政域が絶対的な空間ではなく、政治によってしばしば動かされることが理解できる。

政治的に異なる特定の価値観（イデオロギー）によって世界の空間が区分されたのが、第二次世界大戦後から 1980 年代末まで続いた冷戦という時代である。これは自由主義を掲げる西側諸国と、共産・社会主義を掲げる東側諸国との間の政治的対立関係であり、そのどちらの陣営にも属さない国々は「第三世界」と呼ばれた。空間的分断は現在のドイツの首都ベルリンに築かれた「ベルリンの壁」（**図 10.1**）で明確に示された。西側と東側は政治的立場の違いに基づき、それぞれ異なる経済圏や通商圏、軍事的同盟（北大西洋条約 :NATO とワルシャワ条約機構）を設定した。政治的なイデオロギーに基づき、経済や物流、軍事行動も空間的に分断されたのである。

政治的な主張や考え方などをめぐって作られる空間的な境界線の様相を地政学と呼ぶ。

(2) 環境

政治は自然環境と直接関係がないように見えるが、詳細に見ると、両者にいろいろなかかわりがあることに気づくだろう。

地球温暖化を防止するために数々の国際会議が開催され、1997 年 12 月に京都で開催された第 3 回締約国会議においては、6 種の温室効果ガスを対象とし、2008 年から 2012 年までの間に先進締約国全体で 1990 年比 5%以上削減するとの目標を定めた京都議定書が採択された。

あるいは、行政組織の不備を指摘したり、間に合わない作業をカバーしたりする環境保護団体や非営利組織であるNPOの活動も、環境と政治を考える上では重要だろう。これらの組織の取り組みや要望を、行政は無視できなくなっている。

政治は、いつもこのように環境を守るほうに働くわけではない。政治的対立によって引き起こされた国家間の戦争や内戦などを通して、環境破壊が繰り返されている。たとえば、1991年の湾岸戦争では、大規模な大気汚染と二酸化炭素の放出、11億ℓにもおよぶ原油の流出、イラク軍の塹壕建設に伴う莫大な砂の移動、50万の連合軍がもたらした砂漠への固体廃棄物による汚染などが発生したと言われている。

環境問題は国境という人工的な境界線を横断する。特に世界的な問題なのが気候変化（climate change）である。地球温暖化を初めとする気候変化は水や食糧などの資源の分配バランスを崩す。干ばつや水害などといった生計や家屋、健康や生命の喪失のリスクを、国内的に、国際的に回避したり解決したりするために、環境セキュリティという政治的な調整が重要になる。しばしばこうした環境問題に起因して、資源獲得を目的とする暴力的な紛争、そしてそれに関連する政治的問題が引き起こされると論じられてきた。ただし、これには注意が必要だ。というのも紛争は現実的には気候変化だけでなく経済的諸条件に大きく左右されて引き起こされるからである（Barnett 2007）。

（3）景観

景観にも、政治的色彩が強いものがある。江戸時代に発達した城を中心とした都市の城《じょう》下《か》町《まち》は、その地の政治的な統治を反映している（第11章を参照）。現代の東京の霞ヶ関に行くと、国会議事堂、首相官邸、議員会館、政党本部、最高裁判所、省庁のビルなどが立ち並び、日本の政治、司法、行政の中心地であることが明白である。また、かつて東西ベルリンを隔てていた壁は、1989年に取り壊された。それは、単に物理的な壁が崩壊したということを意味するだけではなく、第二次世界大戦後の東西陣営間の冷戦時代が終焉したことを象徴的に示す出来事だった。

日本の最初の国立公園として、1934年から1936年にかけて、阿寒、大雪山、十和田、日光、富士箱根、中部山岳、吉野熊野、大山、瀬戸内

図 10.2 ジャカルタ市内のモニュメント
2002 年 3 月 森撮影。

海、阿蘇、雲仙、霧島の 12 ヶ所が指定された。国立公園の選定は、国家の観光政策の中で最も重要で、公園の地元では観光資源として期待されていた。ただし、国立公園は単に観光資源として選定されたのではなく、日本を代表する風景であることが重要視されていた。また、当時の日本には、国家の象徴的な風景を山岳風景とし、そこから国民の愛国心や忠誠心、「ナショナリズム」を高揚させようとする考えがあった。そのため、第二次世界大戦以前に選定された 12 ヶ所の国立公園は、内陸部の山岳地域にあるか、海岸を含んでいても山岳的風景地を有するという特徴を持っていたのである（荒山 1998）。

インドネシアのジャカルタの街角には神話や「国民の母」と呼ばれる人などの様々なモニュメントがある。これもナショナリズムと関わっている。1948 年にオランダの植民地支配から独立した国民国家インドネシアは、東南アジアの国々のうちでも最も多様な民族集団をひとつの国民としてまとめあげる必要があった。ここで街角のモニュメントは重要な役割を果たしている（**図 10.2**）。神話は、私たちがいったいどのようにして誕生し、どのような経緯で今ここに在るのか私たちに語りかける。国家の母の像もまた、私たちの国家が誰によって生み出されはぐくまれたものか記憶しておきなさい、と私たちに呼びかけている。つまり、街角のいくつものモニュメントは、インドネシア人がいったいどこからきた人々なのか、どのようなプロセスを経て今の自分たちがあるのかという「歴史」を人々に見せつけているのだ。それによって、同じ歴史や思想、言語を共有する「国民」という意識が作られ、それを基にして愛国心も醸成されるのである。

政治的景観は、このように政治やイデオロギーを直接反映するものだけとは限らない。私たちが日常的に目にする風景の中にも、政治的要素が溶け込んでいるものである。**図 10.3** は、かつて小学校の校庭でよく見かけた二宮《にのみや》金次郎《きんじろう》の像である。小学校に置かれていた石やブロンズで作られた二宮少年の像は、必ず柴を背負ったまま本を読んでおり、勤勉

図 10.3　二宮金次郎の銅像
島根県海士町の小学校。

少年のモデルであった。二宮金次郎は後に二宮尊徳と名前を変え、江戸時代末期に農村経営の立て直しで活躍した人物であり、その彼の功績を讃える「報徳会」は現在も存在している。

建築史家の井上章一（1989）によると、1924年、愛知県豊橋市の小学校の校庭に日本で初めて二宮少年の像が置かれた。このときの像は本を片手に持ってはいるものの、薪や柴を背負っていなかった。薪や柴を背負った二宮少年のモデルは、戦前の小学校で用いられた道徳教育「修身」という科目の教科書で作られた。小学生の大半が農村で生活していた当時、貧しくともつらさを耐えしのいで立派な人物になるというサクセスストーリーを実現した二宮金次郎少年は、勤勉な国民を育てたいと考える国家の適任者として、注意深く選ばれたのである。

2.政治の文化地理学的実践

(1) 皇居と天皇イデオロギー

■発見

東京駅丸の内出口を出ると、西へと向かうまっすぐな道が目に入る。道の途切れたあたりから広大な敷地を持つのが皇居である。毎年正月になれば、多くの人々が手に日の丸の旗を持ち、「国民一般参賀」で天皇や皇族に手を振り、あるいは聞こえるわけもないのに声をかける多くの人々。この一般参賀の風景は正月の風物詩となっており、正月の娯楽の一つともなっているが、果たしてこの中に政治的要素があるのだろうか。

■説明・解釈（意味論的アプローチ）

皇居に一般人が参賀するという風景は、江戸時代にはなかった。当時、この場所は江戸城であり、そこに住んでいた将軍に対して参賀を行うことはなかったのである。とはいっても、京の御所に住んでいた天皇に対して参賀をするということもなかった。

大政奉還後、天皇は現在の皇居に住むようになったが、「神」となった天皇を人々が直接見ることはまれだった。国家がフランスから招いたお雇い画家キョッソーネらが描いた天皇の肖像画が、人々と天皇との接点のひとつで、第二次世界大戦前、各小学校にはこの肖像画が配布され、講堂や体育館のひときわ高い位置に掲げられたという（多木 1988）。

しかし敗戦後、それまで「神」とみなされていた天皇は「人間」であるという宣言を行い、人々は現在のように天皇を間近で見る機会が多くなった。1948 年に皇居の二重橋が初めて一般に開放され、現在のように自由に皇居へ出入りすることが可能となり、その年から国民一般参賀が行われ始めた。

戦前に天皇は神としてあがめられていた理由について、国家とは何かという点から考えていこう。私たちの多くは何らかの国家に帰属している。国家は国民、それが住む領土、そして主権のいわゆる国家の三原則によって構成されている。このシステムは「国民国家」と呼ばれ、1648 年の「ウェストファリア条約」によって確立されたといわれる。このシステムはあるルール（「文法《モジュール》」）を持っており、このルールを適応することで、世界のいろいろな場所で国民国家が生まれたのである（アンダーソン 1997）。

日本は明治時代にこの国家の仕組みをヨーロッパから受け入れた。当時の明治政府が目指したのは、日本を西欧列強に対等に渡り合える強力な近代国家として打ち立てることだった。そのためには、産業を興して経済成長を遂げること、軍事力を整備することと並んで、国民として強力なアイデンティティを持たせることが必要となったのである。

「自分は日本人である」という意識は、江戸時代にはそれほど強くはなかった。国とは尾張、河内、薩摩など、それぞれの地方のことであった。国境もあいまいであり、対馬は朝鮮半島とも往来をしていたし、琉球は台湾とも中国本土とも薩摩とも外交をしていた。そのような人々に、日本国民としての意識を打ち立てるために、明治政府は国境を画定し、中央集権的な政治体制を築いていったが、アイデンティティという側面から見ると、国民統合の核としての天皇の存在はそれ以上に大きかった。

江戸時代の末期、幕府の政治体制が弱まり、朝廷を中心とした新しい政治の形を作ろうとした。その際に、当時の天皇が、歴史的に正統な統治者であることを強調するために、古事記に現れる神々と天皇とを結びつける神武天皇を作り出し、その墓地である神武天皇陵を奈良県の畝傍に画定した（高木）。この神武天皇陵が古代からの場所であることを演出するために、近代的な林学知識を用いて樹種を選定し、植樹も行ったのである。

図 10.4　皇居の二重橋前に置かれた楠木正成像

皇居の二重橋には鎌倉時代末期から南北朝時代を生きた楠木正成《くすのきまさしげ》の銅像（1898 年完成）が置かれている（**図 10.4**）。楠木は天皇のために自らの命を差し出した「忠臣」として、とくに江戸時代末期よりスポットライトが当てられた。天皇を中心とする日本の純粋性が外敵に脅かされたとき戦う日本の精神性は「大和魂」と呼ばれ、大和魂で以てその命を失った人々の霊は「英霊」と呼ばれた。楠木はその英霊の中でも特筆すべき人物とされ、男性の国民は彼のような「忠臣」となるように求められた。小学校の教科書では楠木正成の功績が教授され、学校の校庭には楠木の銅像が設置された（森 2017）。

(2)　国民国家を見せる

■発見

ジャカルタから郊外行きのバスに 1 時間ほど揺られると、うつくしいインドネシア・ミニ公園（以下、タマンミニ）にたどり着く。入口をはいると、すこしどぎつい装飾の西洋風の城やメリーゴーランドなどの遊技娯楽施設や、植物園、博物館などが現れる。

公園の中央部にある池には、インドネシアの国土がそのまま縮小されたいくつもの島が浮かんでいる。そしてその池を取り囲むように、全 27 州の伝統的な民家建築が配置されていて圧巻である（**図 10.5**）。この展示された民家からはどのような政治的な意図が読みとれるだろうか

■説明・解釈（意味論的アプローチ）

それでは、瀬川（1995）にしたがって、タマンミニの景観に秘められた政治的意図を読み取っていこう。

まずこれらの民家は、インドネシア全 27 州それぞれの代表として展

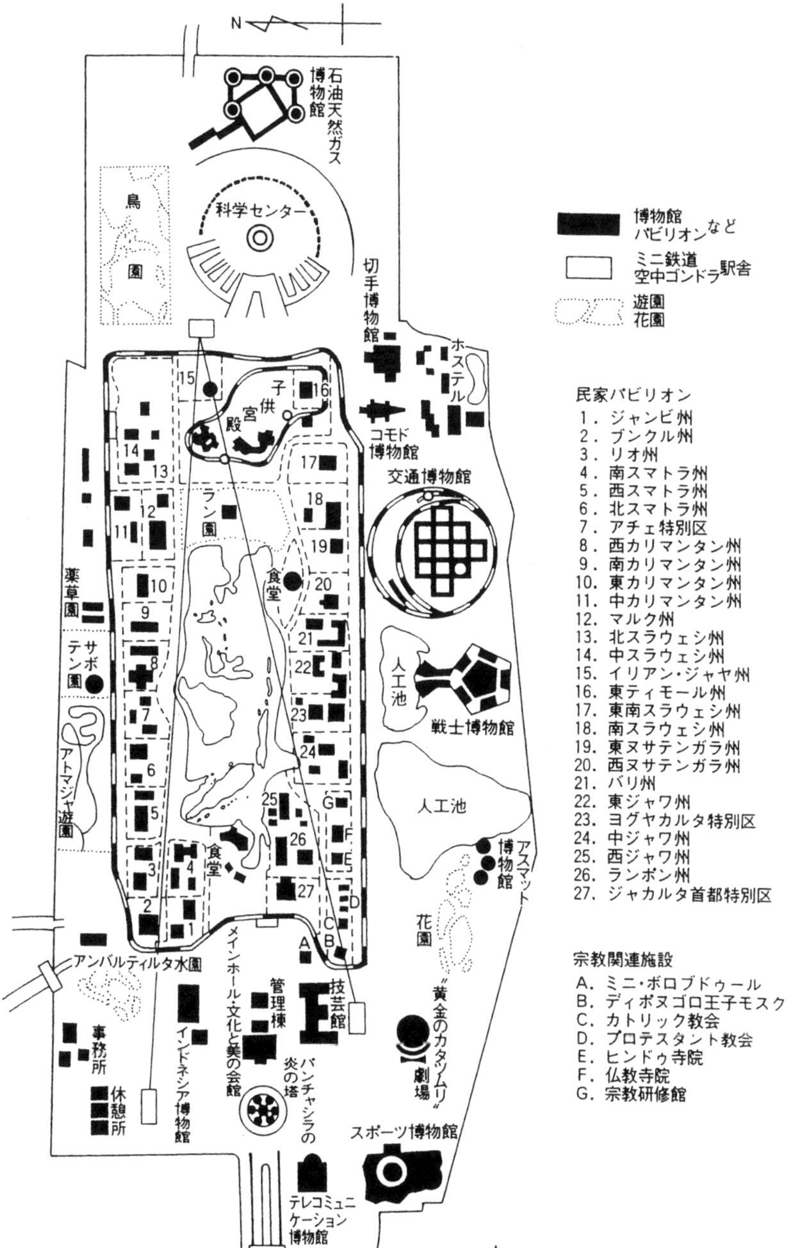

図 10.5　タマンミニ公園の全体（州は 1995 年当時のもの） 瀬川（1995）による。

示されていることを考えてみたい。すると、現実には州の人々がその部族だけで占められているわけではないことが予想できるだろうか。つまり、各州に住む人々の代表として、ある部族が選択され、その部族の民家が州全体を象徴しているのである。ある州にはA部族もB部族も、少ないながらもC部族も住んでいるというのでは具合が悪い。というのも、多様性をできるだけ排除して単一のものへと抽象化することが、対象を定義し、政治的に管理するには非常に都合がよいからである。「あれもこれも」ではなくこの州に住む部族は「これがすべて」、といった多様性や曖昧さの排除が、政治的統治には重要である。

また、**図10.5**から分かるように、各州の代表として選出されたそれぞれの伝統的な民家には、すべて同一面積の展示スペースが用意されている。同一面積の展示スペースで等しく展示することは、人々が国民である以上、どんな部族であろうと平等であるということなのである。

さらに進んで、なぜ伝統的な民家が各州の代表として展示されているのか、考えてみよう。それは、古くから続いている伝統的な民家を展示することによって、現在のインドネシア国民が昔から一貫して現在のインドネシア国家の領土内あるいは州内に存在してきたこと、同じ文化を守り続けてきたことを人々に示そうとしているからと考えられるのである。もちろん、現代のインドネシア社会の展示もあるが、インドネシア国民とその文化が過去と現在の間に連続性を持っていることを、この展示は示そうとしていると言えそうだ。

州レベルでは多様性をできるだけ排する。そして国家のレベルでは、多様性を排してできあがった各州の多様性を逆にはっきりと提示する。この二つの一見矛盾した作業を行うことによって、多様性を持ちながらも国民として団結している多民族国家インドネシアが、訪れる人々にしめされているのである。

このようにして、インドネシアの多様な部族をできるだけ抽象化して展示し、インドネシア国家の統一性を訪れる人に知らしめようとしている。ここを訪れれば、グッと凝縮されたミニチュア化されたインドネシアを見ることができる。そしてこのミニチュアは、訪れる人にインドネシアはこのような国ですよと語りかけているが、ミニチュアはあくまでタマンミニで展示用に作られ配置されているにすぎず、どこかにその元となる景観があるわけではないのである。

つまり、インドネシア国家は、このミニチュア化された仮構の展示を通して、インドネシアが統一された国家であると人々に思わせようとしていると言えるだろう。私たちは自由にタマンミニの展示を見ているように思えるが、その背後には、この景観から国民国家インドネシアがいかに統一されているのかを読み取りなさいという、呼びかけが潜んでいるのである。景観をどのように読むのかというのは、すでに誰かによって「ひとりじめ（専有）」されている。

(3) 日常生活の中の地政学

■発見

日本は第二次世界大戦でアメリカ合衆国やイギリス、フランスなどの連合国軍を敵として戦った。敗戦後の日本はかつての敵兵によって占領され、基地も置かれた。しかし、アメリカ合衆国の文化への憎悪よりも、憧れが強まり、親米の国となった。これには、戦後の社会制度の立て直しにアメリカが深く関与しただけでなく、冷戦期にアメリカ合衆国を中心とする西側に日本が組み込まれ、自由主義と民主主義の素晴らしさが強く主張されたこと、アメリカがその手本とされたことと関わっている。アメリカ的な生活様式の素晴らしさは、社会制度や政治制度以外に、日本人の日常生活をとおしてどのように広められたのだろうか。

■説明・解釈（意味論的アプローチ）

プロパガンダという言葉がある。特定の政治的なメッセージで、人々を誘導する広告戦略のことである。戦争においてはこのプロパガンダが重要な役割を果たす。戦争のプロパガンダは1853年にロシアと、イギリス・フランス・オスマン帝国との間で勃発したクリミア戦争ではじめて登場する。1841年に刊行されるイギリスの大衆紙『パンチ』は、戦争が始まるとクリミア半島の前線状況について風刺画を発表し、それに対してロシアも風刺画を発表した。ここで、イギリスやフランスの風刺画ではロシアは野生的なクマとして描かれ、ロシアのそれではイギリスやフランスはシルクハットなどをかぶった紳士面をした強欲な男として描かれる。このように、互いはオスマン帝国を利用して領土拡大を狙う醜悪なものとしてプロパガンダで表現された。

図 10.6　ソビエトのプロパガンダポスター
アメリカの民主主義は決して正義ではないことを、自由の女神の頬に警官による黒人の取り扱いを描くことで伝えている。
Posters of the Cold War（2008, p.24）より。

冷戦期においてもプロパガンダは効果を持っていた。西側と東側、とくにアメリカとソビエトは、互いを危険で強欲な存在と表現するための宣伝を行い、互いを醜く描くポスターを作成した（**図 10.6**）。こうした中で日本においては、アメリカ的な民主主義や自由主義は、戦時中の政治的混乱と対照的に秩序と豊かさをもたらすものだと賞賛された。アメリカ制作のプロパガンダ映画や新聞での広告が日本中で提示された（森 2018）。

こうしたプロパガンダは、自分が本質的に正しく、相手が本質的に悪であることを強調し、そこに埋めがたい断絶があることを示す。そうすることによって、世界が西側と東側に分かれることは「当然」のことであることとなり、自分たちの考えや物の見方も、特定の立場のものであることが覆い隠される。

これは地理学にとって重要な議論である。というのも、こちらの国々が本質的に正しいこと、あちらの国々が悪であることは、私たちが世界をどのように想像するかということを決めていくからである。また、こちらの国々はこういう環境や自然や歴史を持っているから正しく、あちらの国々はああいう環境や自然や歴史を持っているから悪であるというように、政治的立場の違いが、その土地やその土地に生まれ育った人「特有」のものと自然化されるからでもある。さらに、博物館などで戦争における自らの国の正統性を主張する展示を行うことも、プロパガンダと言えるとすれば、展示の空間でどのようなものを、どこに配置するのかということも地理学的な問題になる。こうした一連の政治的な立場に基づいた、絶えざる空間的区分を地政学と呼ぶ。

地政学は日常的に展開する。プロパガンダは、政府などの公的機関だけでなく、民間の企業によっても展開されたからだ。たとえば、アメリカで作成された大衆映画の『ロッキー４炎の友情』(1985年) では、アメリカ人のボクサー、ロッキーの友人が、無慈悲なソビエト出身のボクサー、ドラゴにリング上で無慈悲に殴り殺され、それの敵討ちをロッキーが行う。同じ役者が主演した『ランボー３怒りのアフガン』(1988年) は、アフガニスタンでソビエト軍に捕らえられた友人を助けるために戦闘する。日本においては、占領期 (1945～1952年) の後も、アメリカで制作された映画が人気を博した。彼らが乗る自動車、住む家、口にする食事や飲料水、着る服装などが、アメリカ的な豊かさと明るさに満ちた生活を演出するものだと言われ、日本人の多くがそれに惹かれたのである。日常生活において、憧れを通して、政治、地政学は日本に埋め込まれたのだった (森 2018)。

冷戦終結後、世界は西側と東側に分かたれることはなくなったが、地政学的な空間区分は続いている。2002年に当時のアメリカ大統領であったブッシュはイラク、イラン、朝鮮民主主義人民共和国を悪の枢軸国、テロ支援国家として名指し、イラクへの攻撃を正義と強調した。「イスラーム原理主義」や「共産主義」といった言葉とそれに関わる映像や物は、私たちの日常生活の中で、どのようなあの国への嫌悪感や敵意を醸成しているのだろうか。

考えてみよう

1. 次のものの中に政治がどのようにかかわっているか考えてみよう。

東京大学／万国博覧会／東海道新幹線／国際空港／靖国神社／オリンピック

2. 「〇〇すべき」「〇〇して当然」と考えることを書き出して、どうしてそのように考えているのか、「〇〇するにこしたことはない」という言い方に変換可能か、考えてみよう。
3. 「〇〇人」であることを強く意識するのはどのような時、どのような場所か、話し合ってみよう。また、その時、その場所で、「〇〇人」以外にどのような人々のまとめ方が可能か、アイデアを出してみよう。

調べてみよう

タイトルに「アメリカ人」「日本人」「韓国人」などという言葉の入った、特定の国の人々の性格を論じた本の中で、その国の人の性格や考え方がどのように単純化されているのか考えてみよう。立場の違い（性別、年齢、社会階層、所得など）を考慮すれば、いろいろなことが考えられるだろうか。

荒山正彦（1998）「自然の風景地へのまなざし―国立公園の理念と候補地―」荒山正彦・大城直樹編『空間から場所へ―地理学的想像力の探求―』古今書院。

アンダーソン、ベネディクト（1997）『増補想像の共同体―ナショナリズムの起源と流行―』白石さや・白石隆訳、NTT 出版。

井上章一（1989）『ノスタルジック・アイドル 二宮金次郎―モダン・イコノロジー―』新宿書房。

多木浩二（1988）『天皇の肖像』岩波書店。

瀬川真平（1994）「国民国家を見せる―「うつくしいインドネシア・ミニ公園における図案・立地・読みの専有―」『人文地理』47-3。

森 正人（2005）「節合される日本文化と弘法大師― 1934 年の「弘法大師文化展覧会」を中心に―」『地理学評論』78-1。

森 正人（2018）『「親米日本」の誕生』KADOKAWA。

Barnett, Jon (2007) Environmental security and peace, *Journal of Human Security* 3 (1).

Crowley, David (2008) *Victoria & Albert Museum,* Longman.

森　正人

コラム　権力 powerとは

「権力」という言葉は、いくつかの意味を持つ。ある社会的な地位を持つ人（上司、男性、教員、先輩）が持たない人（部下、女性、学生、後輩）を、地位を利用して抑圧する作用は権力である。あるいは、政治家などが社会を規制する法を武器にして、自分たちの都合の良いように社会をコントロールするのも権力だ。こうした場合、権力を持つ誰かが特定されているから、その人を追い払ったり、法を変えたりすれば問題が解決される。

しかし現実には、権力とはもっと複雑で巧妙である。人の考え方や行動を、禁止したり抑圧したり、方向付けたりするには２つの方法があることを、フランスの思想家のミシェル・フーコーは説いている。

第一は、禁止や抑圧に関連する言葉を通して、人間の考え方や身体の所作を規律化する方法である。私たちが「真理」だと思っていることがらは、ある時代の産物であり、普遍的ではない。真理は特定の時代の学校や研究所、科学的実験室や、医療施設、法律や政治制度、宗教などで吟味されて作られたもので、人びとには真理に反することを禁止し、それに従わなければ社会から分離したり行動を制限したりするよう。こうして特定の時代に作られた真理が、人びとの考え方や語る言葉、語ろうとする欲望を構成し、人びとを方向づける。これを言説《げんせつ》という。

言説は単なる言葉ではなく、社会の様々な制度を基礎付ける。例えば、フランスでは 18 世紀末から 19 世紀初頭にかけて、犯罪者を処刑するのではなく監獄の中で矯正し、社会復帰させるようになった。監獄は「異常」な人間とは何か、それとは異なる「正常」とは何か、という真理が作り出され、異常な人間を正常にするために作り出されたものである。この監獄は人間の考え方を方向づける空間である。というのも、監獄の真ん中には「一望監視台《パノプティコン》」という塔が設置され、看守が監視しているかもしれないという恐怖を囚人に植え付け、囚人を規律化していったからである（フーコー 1977）。

監獄が誕生した時期に、軍隊や学校などもできあがった。例えば、学校の体育を考えてみよう。体育は健康や体位に関する真理に基づき、児童や生徒の身体の動かし方を規律化する。日本に体育が導入されたとき、それは軍隊にふさわしい男子の身体を作るためだった。こうした軍隊や学校、病院といった場（装置）で、正常と異常を区分し、正常となるべく身体を規律化することで、従順な人間を作り出したのである。こうした言説を通して人間を規律化する権力を規律《きりつ》・訓育《くんいく》型権力という。

第二が、個々の身体ではなく、身体を群れや塊として把握し、その数を調整する、調整型権力である。これは、18 世紀後半のフランスに別の種類の権力が登場したもので、死亡率や出生率など、人口統計や公衆衛生といった人間の生命への配慮をとおして、その数が一定数以上や以下にならないように調整するものである。生命とその数（人口）への政治的関与のあり方は「生《せい》 - 政治学《せいじがく》」と呼ばれる（フーコー 1986）。

この 2 つの権力はまったく別個に作用したわけではない。フランスの例ではないが、敗戦後の日本で展開した生活改善運動では、栄養学や衛生学などの知識を提供することで、農村の女性を「主婦」へと規律化した。しかも栄養学や衛生学などは健康な身体を一定数確保する調整型権力の手段であった。とくに、産児調整や家族計画と呼ばれた出産に関する医学的知識は、農村人口を調整するために重要であった（森 2019）。

身の回りの権力の作用や装置にどれほど気づくことができるだろうか。

フーコー、ミシェル（1977）『監獄の誕生―監視と処罰―』田村俶訳、新潮社。
フーコー、ミシェル（1986）『知への意志』渡辺守章訳、新潮社。
森　正人（2019）『豊かさ幻想―戦後日本が目指したもの―』KADOKAWA。

森　正人

コラム　衛生の政治学と権力

新型コロナウイルスの感染拡大は、人びとに手洗いの励行、消毒液の使用、マスクの着用などを促した。これらに加えて、ソーシャルディスタンスを取ることなどは、「新しい生活様式」と呼ばれた。

こうしたことは、身体の外部に存在するウイルスが人間の体内に侵入することで病気に感染するので、その経路を防ぐ必要があるという考え方に基づいている。この考え方は、ドイツの医師であり細菌学者であるロベルト・コッホが、1882年に結核菌、83年にコレラ菌を相次いで発見し、それによりこの二つが細菌により発症し蔓延することが解明されたことに起源を持つ。つまり、他の多くの疫病（伝染病）もまた同じように固有の細菌により引き起こされることが分かったのである。これを細菌学革命と呼ぶ（小野 1997）。

細菌の発見は新しい政治的な概念と統治様式を立ち上げた。それが「衛生」である。衛生とは生命を衛《まも》る方法である。この衛生は、国家的な政策の中に取り込まれ、国民の生命を衛るために医療の充実が図られた。国家衛生システムとでもいうべきこれは、国民全体をその中に組み込み、国民の生命と健康に関するデータを蓄積し、健全な身体を作り出す。私たちが幼少期から受けてきた身体測定はこうしたシステムにおいて実施されている。そして身体という空間のデータが国家的な機関に蓄積され、それによりどのように身体空間があるべきかが決められるのである。

国民の生命を衛り、健康な身体を維持することは良いことだけではない。生政治学は人間の生を数として、つまり「人口」として管理し、調整するものである。国家衛生システムにおいて、健康な身体と不健康な身体の数が把握され、不健康な身体の数を減らす方法が管理される。健康な身体は、労働や軍隊にとって重要だからだ。男性は健康な労働者に、女性はその健康な男性を生み出す母に。このようにして性別に基づいた役割という考えが強化されていく。それゆえ、伝染病とともに、性病の伝染も、衛生システムでは注意された。そしてまた、伝染病や性病の管理を家庭という空間において行うのは女性であると考えられ、学校教育の「家庭科」でこうした知識と方法が教授されたのだった。国家から家庭、そして（男性 / 女性）身体というように複数の空間スケールが重なり合い、衛生システムは機能したのである。

国家衛生システムは戦時中にとくに強化された。それは強靱な軍隊を形成し維持するために必要だったからだ。日本においては、1938年に、健康の維持と増進によって生活と生命を厚くするために厚生省が設置された。国立公園や修練場などといった空間において、国民の体力強化も図られた。ここまで「国民」という言葉を使ってきたが、健康であること、国家に資する役割を果たし、それに適した身体を持つ存在が「国民」とされ、「適正」でないと判断されれば、その身体空間は改良された（森 2017）。そしてこれは戦時中だけでなく、敗戦後もハンセン病などの伝染病患者は特定の空間に隔離され、「断種」されてきたのである。

衛生は文化も創り出す。手洗いやうがいの励行が日常生活の習慣とされた。また見えない細菌や病原は、模型やイラストなどをとおして人びとに伝えられた。そのもの本来の形はさまざまにデフォルメされ、その効果や影響も特定の解釈で強調されている。戦前や戦時中に開催された衛生博覧会や衛生展覧会では、寄生虫のホルマリン漬けや、性病に感染した性器のイラストなどが展示された。それらもまた本来は見ることのできないものを、あえて可視化したものである。これらは特定の目的で特定の事象や事物を、特定の手法で視覚化したものであり、それらが展示空間や学校という空間、家庭空間において人びとに提示されることで、私たちの日常生活を象《かたど》っていくという意味で、視覚文化なのである。

新型コロナウイルスの感染拡大は、言うまでもなく最悪の場合には人間が亡くなる悲劇である。そして感染を防ぐための防護は必須である。しかし、ワクチン接種やマスク着用、消毒液の使用などによって生きることも、権力と無関係ではない。このことは、生きることが良いこと、悪いことという価値判断とは切り離して考えるべきことでもあるだろう。

小野芳朗（1997）『〈清潔〉の近代─「衛生唱歌」から「抗菌グッズ」へ─』講談社。
森　正人（2017）『展示される大和魂─〈国民精神〉の系譜─』新曜社。

森　正人

第 11 章　都市の文化地理学

1. 都市と空間・環境・景観

(1) 空間

都市の中心部には県庁や市・区役所など行政の施設、企業のオフィスがならぶ中心業務地区（Central Business District）が目にはいる。また、中心部に集まる人びとを相手にした商店街やデパートなどの商業施設がある。中心部からはずれて、海にむかえば大きな港湾があり、周辺には工場がならぶ。都市は実に多様な機能をもっていることが分かる。

都市では特定の民族集団が集まって住む空間も存在する。たとえば日本では中華街、コリアンタウン、さらに近年はブラジル人街もみられる。こうした、民族集団や国籍などによって居住空間が異なる状態を「セグリゲーション（居住分化）」とよぶ。セグリゲーションの要因には、都市の少数派（マイノリティ）が、自分たちの安全を守ったり利益を守ったりすることが挙げられる。また、多数派によって1ヶ所に住むことを命じられていることもある。たとえば、ドイツのフランクフルトでは15世紀以降、少数派のユダヤ人は「ゲットー」とよばれる一角でのみ生きることを許されたのである（大澤 1996)。都市内の住み分けられた空間は、人びとが生きる社会・政治状況と深くかかわっている。

人びとの属性によって都市空間内の認識も異なっている。**図 11.1** は、アメリカのロサンゼルス市において、白人、黒人、ヒスパニックが、どれだけの範囲の都市を認識しているか調べたものである。白人は都市の内部やその周辺について非常に多くで広大な知識を持っていることが分かるのに対して、黒人はそれよりも狭い都市の範囲を認識しており、さらにヒスパニックにいたっては、自らが住む地区とバス停しか認識していないことが分かる（グールド・ホワイト 1981）。

この原因は、人種の違いではない。都市の認識は、そこへ行く交通手段や、教育水準などと関わっている。つまり、白人には自動車や高い教育水準を持つことができる所得階層が多いのに対して、黒人やヒスパニックはそうした可能性を持つ機会がきわめて少ないことが原因とも考えられる。また性別によって都市の情報を得る機会だって違ってくる。したがって、白人であっても所得や性別にもとづいた調査すれば、違った結果がえられるだろう。

マス・メディアが重要な役割を果たし、都市の一空間が突如として注目されることもある。高級住宅街であった東京都渋谷区の代官山《だいかんやま》はその一例である。第二次世界大戦前に建てられた代官山にある同潤会アパートの古さが、戦後にかっこいいものとしてみなされた。一方、1967 年からは先進的なデザインの建築物が登場し始めた。すると 1970 年代半ば以降、次第に女性雑誌において古さと新しさが混在する、洗練されたおしゃれな街として紹介され注目されたのである。ほかの都市空間と同じだと代官山は目立たないから、マス・メディアは代官山に一味違った意味や価値を与えたのである（成瀬 1993）。

(2) 環境

アスファルトの道路やコンクリートの壁でおおわれ、エアコンからは熱気が放出される都市は、夏になると都市周辺よりも一段と暑くなる「ヒートアイランド現象」に悩まされる。また人口が集中する都市では、毎日出されるゴミが相当量になり、どのように処理するか大きな問題となっている。こうしたなかで、クールビズ、ゴミの再利用などによる「環境にやさしい都市」が、近年注目されているのである。

明治以降の日本では、伝染病や性病を予防する「衛生」という概念にもとづいて都市を管理していた。しかし、1950 年代後半より、都市内や近郊で工場からの排煙や排水を原因とした「公害」が社会問題化すると、それまで伝染病や性病の予防を目的としていた「衛生」では対処することができなくなったのである。そこで、1960 年代半ば、伝染病や

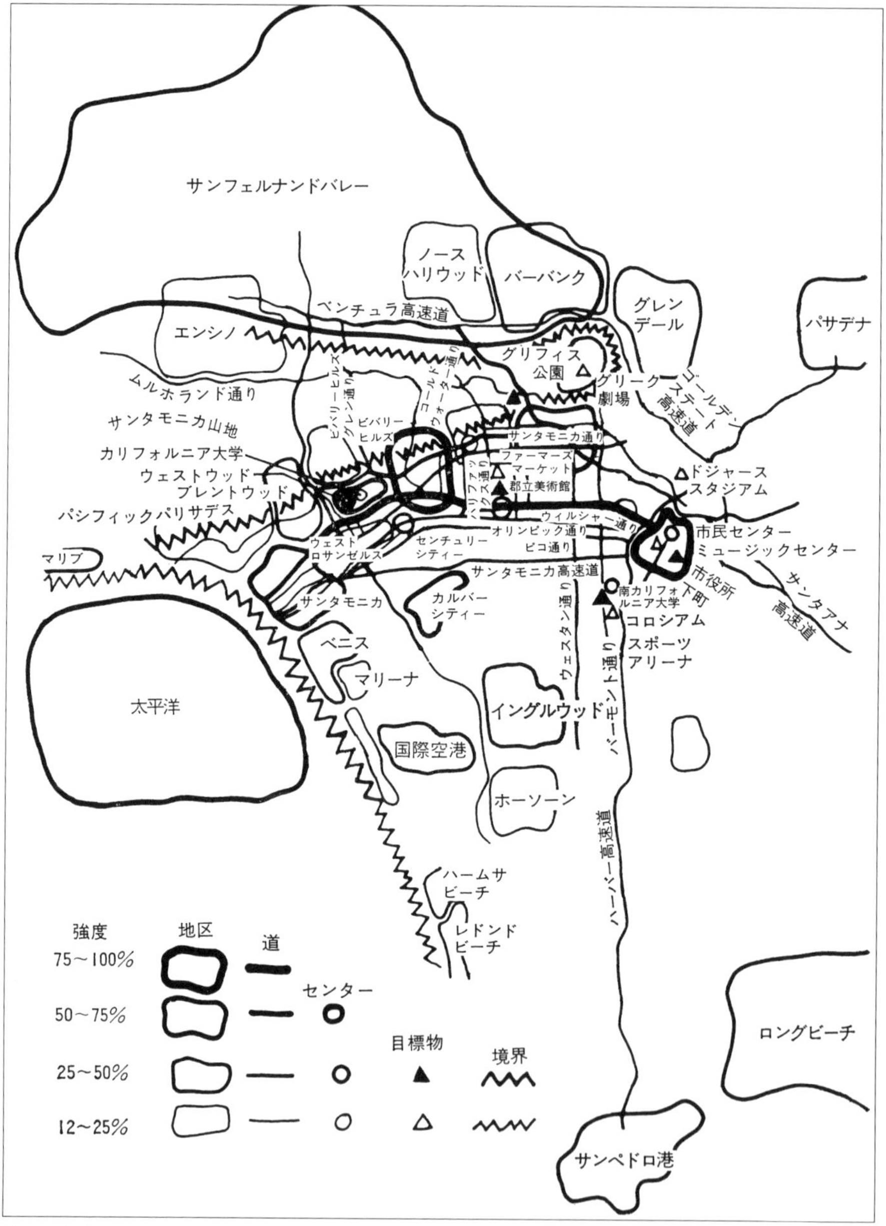

a）　白人

図 11.1　ロサンゼルス市における白人、黒人、ヒスパニックの都市の認識
グールド・ホワイト（1981）による。

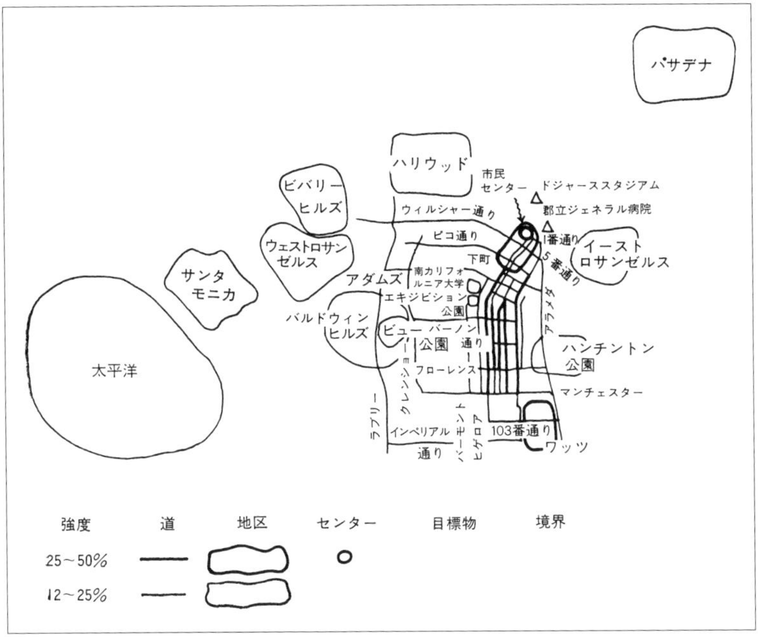

b)　黒人

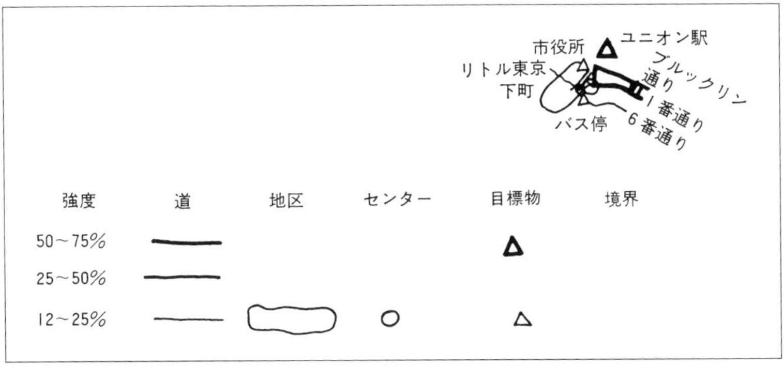

c)　ヒスパニック

性病だけでなく、海や川の水、大気の汚染を管理するより包括的な「環境」という概念が作りだされていった。そして、1971年に創設された環境庁（現環境省）が、厚生省（現厚生労働省）の役割の一部を担っていく。

かつて日本三大公害がおこった三重県四日市市は、1995年に快適環境都市宣言をしている。ここからは、都市におこった公害という問題を、環境という概念を使いながら解決していったことがはっきりとあらわれている。しかし、本当に問題は解決されたのだろうか。

(3) 景観

自由の女神(ニューヨーク)、凱旋門(パリ)、時計塔(ロンドン)など都市は特徴的な景観をもっている。景観は都市の象徴・記号であり、それを読みとるためのルール(コード)を共有していれば、都市を簡単に理解することができる。

では、繁華街のカベなどに描かれた落書きはどうだろう。1960年代から70年代にかけてアメリカのフィラデルフィアの都市内部で描かれた落書きを観察すると、それがギャングたちのなわばりを表していることが分かった(Lay and Cybriwsky 1974)。フィラデルフィアの都市内部は、貧しい白人の居住区、収入の多い白人居住区、黒人居住区、プエルトリコ系住民の居住区にはっきりと分けられ、たとえば白人居住区には黒人のギャングのなわばりを表す落書きがあるものの、黒人居住区とプエルトリコ系の居住区を分ける大通りをそれぞれのギャングが越えることはない。

しかも**図11.2**からは、黒人居住区においてもいくつものギャングがしのぎを削っていることが分かるだろう。この近辺でもっとも力を持つ集団Aがそのなわばりを南に広げようとしているが、新興勢力である集団Bがそれをギアルド通りあたりで防いでいることが分かるだろう。実際、この2つの集団の間では、1966年から70年にかけて11の衝突事件が起こっている。さらに、それぞれのなわばりの境界付近になると、攻撃的なメッセージが落書きに書かれるという。私たちにはいたずらにしか見えない落書きは、実は都市のなわばりをしめす「意味づけられた」景観なのである(コラム「言語と記号」も参照→78頁)。

都市には人びとや社会を管理するための様々な力が働いている。この力を「権力」とよび、それをキーワードにして都市の景観を考えてみよう。たとえば交番や派出所は、犯罪者を逮捕するだけでなく、警察に見られているかもしれないと人びとに思わせ、行動をコントロールする力を持っている。

権力は政治的なものだけでなく、経済的なものとも関わっている。かつてのパリには、せまく曲がりくねった、迷路のような街路しかなかっ

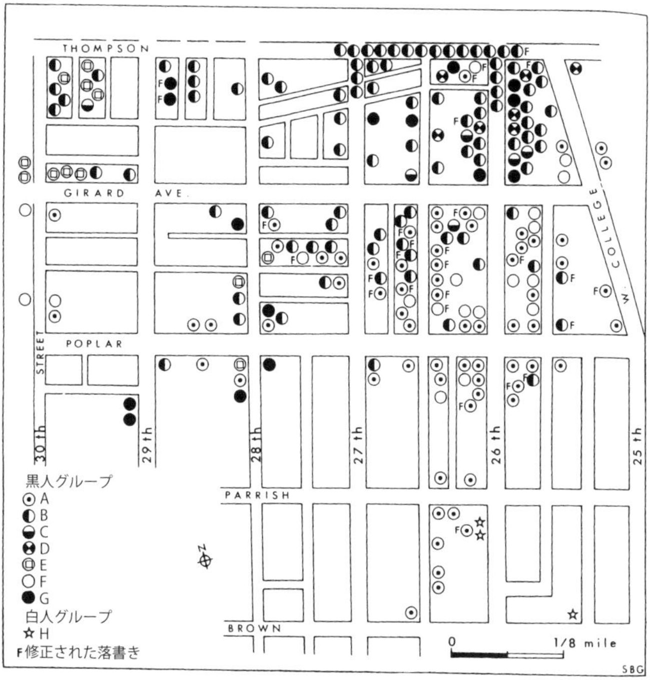

図 11.2　フィラデルフィア都市内の落書き
Lay and Cybriwsky (1974) を一部修正。

た。現在のシャンゼリゼ通りのような広くまっすぐな街路が作られたのは、19 世紀の中ごろにセーヌ県知事のオースマンが行ったパリの大改造においてだった。都市内の物流を効率的に運搬するには、せまく曲がりくねった街路は不適だと考えられたのだ。つまり、パリ大改造以後の景観は、商品にあふれた経済において作り出されたのである（ハーヴェイ 2006)。

2. 都市の文化地理学的実践

(1) 都市空間としての城下町

■発見

都市の形態は時代によって変化する。街を歩いていると、日本の古くからの街には城があり、その周辺には鍛冶屋町や紺屋町といった職業に関係する地名があり、その城の近くに県庁や市役所がある場合が多い。一方、そうした街では JR の鉄道駅は城から一程度の距離を置いて設置されている。これはどういうことを意味しているのだろうか。

■説明・解釈（分析・実証的アプローチ）

封建領主の居城を中心として、その周囲に発達した町を城下町と呼ぶ。中世から戦国時代には戦争の防御のために山の上に城を築いていたが、戦の世が終わると、平地に城を建て、城を中心として城下町が発達した。当初はであったものが、次第に武士と町民と農民の居住地区が分けられるようになり、また城下町の縁辺に寺院を配置して寺町が作られた。例えば、今昔マップなどを利用して、明治時代初期に作成された地形図を見てみよう。この時代の地形図は、江戸時代の城下町の状態を伝えてくれる。寺が集中する場所、墓地が集中する場所はどこにあるだろうか。城を中心として見た場合、寺町や墓地の外側ではどのように土地が利用されているだろうか。

どのような自然環境に合わせて城下町が作られているのかも考えてみよう。城下町を整備するために、川を堰き止めたり、流路を変えたり、あるいは物資を市中に運ぶために水路を作ったりすることがある。大坂の城下町には心斎橋や道頓堀というように、水路を張り巡らせて城下町を作り、またその発展を促してきたことを示す地名がある。香川県の高松城の城下町は海運と結びついて発達してきたことが、海の沿岸部に城下町が作られていることからうかがえる。このほか、『日本図誌大系』などでは、明治時代以降の地形図を元にしてそれぞれの都市がどのように発展してきたのか解説している。

明治時代初期の地形図には当時の鉄道駅と線路が描かれている場合がある。城下町の中を通らないように線路が敷設され、そこに現在、ターミナル駅として用いられている鉄道駅が設置されていることが分かるだろう。さらに、城のすぐ近くにある一区画が比較的大きなところに市役所や県庁が置かれている。香川県庁のように現在は異なる場所に移設されたことが、地図を見ればわかる。一区画が比較的大きい住所はかつての武士の屋敷があったところである。地図を見ると、これらの大きな区画は当時に人が住んでいないことを示す、白色であることに気づくだろう。

江戸時代の城下町では、同じ職業の人たちが同一区画で集まってすむこともあった。これは為政者が集住させたり、その一画に各地から同一

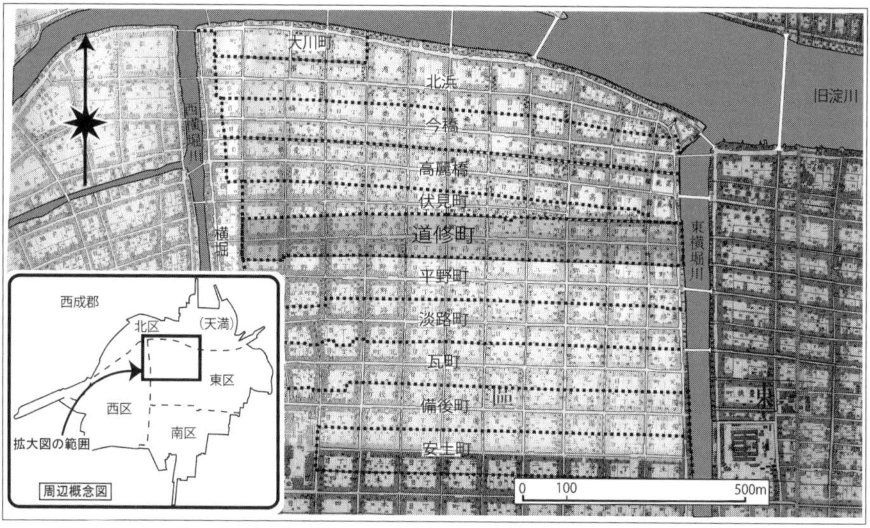

図 11.3　道修町の位置　　網島（2012：125 頁）より。
注）図中左下部の周辺概念図における細実線は大阪市域、点線は市内四区域を示す。

業者が集まってきたりといくつかの理由がある。大阪には現在でも松屋町のような専門店街が残っている。それぞれの町名とその歴史はどのように関係しているのだろうか。各都道府県でまとめられている『角川地名大辞典』で調べてみると、城下町から現在までの都市の変化がよく分かるだろう。

大阪市には道《ど》修《しょう》町《まち》という、武田薬品工業、塩野義製薬、田辺三菱製薬などが本社を構え、20 世紀初頭に日本初の薬学専門学が設立された「くすりの町」がある（**図 11.3**）。これは豊臣秀吉が天正年間（1573～91 年）に伏見町で舶来品の取り扱いをさせたことから、その周辺に中国などからの薬を扱う商人が集まるようになり、また 1722（享保 7）年に、道修町の薬種屋株仲間（卸商）が江戸幕府によって公許されたことで、薬種商同業者町としての道修町の地位が確立されたものである。江戸時代が終わって、居住地の制限がなくなり、また明治後期から大正期にかけて大阪で医薬品産業が持続的に発展する中でも、道修町には薬種商は集積し続けた。とはいえ、卸商が集積する中で、本業である卸売業を維持し、発展するために製薬業が拡大していった（網島 2012）。つまり、道修町という空間での出来事を歴史的に捉えていくと、人びとが集住し、そこで産業が変化していくダイナミックな変化が分かるのである。

(2) 都市の盛り場と近代性

■発見

コンパや休日に遊びに出かけたりすると、そこには何軒もの店が軒をつらね、多くの人でにぎわっているだろう。人びとが集い楽しむ、こうした都市の空間を盛《さか》り場《ば》という。

ところが盛り場の歴史を考えると、そこが昔から盛り場であったというわけではないことが分かる。東京で代表的な盛り場は、浅草や銀座から、新宿、さらに渋谷へと変遷している。大阪市のミナミにある千日前《せんにちまえ》はかつての罪人の処刑地と墓地につくられている。

なぜ都市の盛り場は変遷したのだろうか。盛り場を形成する力とは何だろうか。

■説明・解釈（意味論的アプローチ）

盛り場を作り出す行政の働きにまずは注目してみよう。

東京の浅草寺《せんそうじ》の門前町であり吉原遊郭に隣接していた浅草は、江戸時代からの庶民の盛り場だったが、健康的で衛生的な都市をめざす東京都は、浅草での営業を行政による許可制にし、ゴミゴミとした街区を整然とした街並みに変えることで浅草を管理しようとした。パリのように、まっすぐな街路で区切られた整然とした街区、「浅草六区《あさくさろっく》」が登場したのである。こうした行政による管理を受けながらも、浅草には「凌雲《りょううん》閣《かく》」が建てられ名所となり、映画館も林立し、工場労働者などの娯楽の場としてにぎわった（吉見 1987）。

次に商業や経済との関わりを考えてみよう。1920 年代ごろから、都市の中には肉体労働者でも起業家でもない独特の価値観を共有する大衆が出現しはじめる。呉服店から転身した三越百貨店は、西洋文化を日本風にアレンジした新たな都市文化を作りだした。銀座や日本橋がその舞台としてクローズアップされ、「モダンボーイ」「モダンガール」とよばれた若者をふくむ大衆は、百貨店などの都市空間をウィンドーショッピングしながらぶらついたのである。

戦後、浅草は衰退していく一方、ヤミ市から出発した新宿に若者が集まり盛り場としてにぎわった。そこは、都市行政からは問題視されそ

図 11.4　大阪市の千日前と釜ヶ崎

うなアンダーグランドな文化の発信地ともなっていくが、1960 年代末の大学闘争以後は、鉄道会社の西武が開発した渋谷が盛り場として注目を集めていったのだ（吉見 1987）。

では、大阪ではどうだったのだろうか。「せんにち」が刑場を意味しているように、「千日前《せんにちまえ》」は江戸時代の処刑場であり、大規模な墓地であった（**図 11.4**）。この場所は大阪城の城下町の一番はしっこに位置していた。

1870 年に刑場が廃止されると、見せ物小屋が一帯に立ちならぶようになった。そこには開発業者の思惑と同時に、大阪市中に散在していた遊郭や花街《はなまち》や見せ物小屋など、衛生的で健康的な都市をめざす都市行政にとっては好ましくない「悪所」を、千日前 1 ヶ所に集中させ、管理しやすくしたいという行政側の思惑もあったのだ（加藤 2002）。当時、大阪府は、遊郭や貧しい人びとが住む長屋を移転させたり取り壊したりして、「清潔」な都市を目指していたのである。

大火事や行政による管理を乗り越えながら、浅草と同じように映画館が林立した千日前はにぎわいをみせた。1912 年の大火事により千日前は大きな打撃をうけたが、難波《なんば》にターミナルを持つ南海《なんかい》電鉄と大地主が千日前一帯を再開発し、大規模な娯楽施設「楽天地《らくてんち》」も建てられた。こうして一大娯楽空間となった千日前には、映画館、カフェ、ダンスホール、百貨店などが集まり、銀座のように都市空間をぶらつく人びとも現れたのである（加藤 2002）。

このように、都市の盛り場は、時代や社会の状況にあわせて姿をかえてきた。合理的で衛生的な近代都市をめざす行政、娯楽施設のプランナー、鉄道会社などの様々な力がぶつかりながら、今も都市は作り続けられている。

(3) 移動から考える都市

■発見

大都市には、様々な都道府県から人々が移り住んでいる。移住者の中には特定の場所に集まって住んだり、特定の職業に従事したりしている人たちもいる。たとえば、大阪府のお風呂屋には、石川県出身者が多いとも言われている。なぜ石川県出身者が近畿圏で風呂屋を営んでいるのだろうか。

■説明・解釈（分析・実証的アプローチ）

石川県出身者による同郷団体に、南加賀地方、特に小松市・加賀市出身者で構成される加賀浴友会と、羽咋《はくい》市・中能登町《なかのとまち》（鳥屋町《とりやまち》・鹿島町《かしままち》・鹿《ろく》西町《せいまち》）出身者で構成される能登互助会による浴場同業組合がある。1992年の時点では、浴友会では会員350人のうち約7割が浴場業者で、能登互助会は会員920人の約6割が豆腐製造・販売業者、約3割が浴場業者であった。農業生産力の低さや気候のため、冬季になるとこの土地の人々は杜氏《とうじ》などとして出稼ぎを行っていた。この杜氏の出稼ぎ者が京都市に浴場開業した。しかし、京都市では行水《ぎょうずい》ができる夏季に入浴客が減るため、安定した入浴客を求めて、大阪府下で営業を行うようになった。浴場の経営は杜氏とは異なり特別な技術がそれほど必要でなかったことも、参入を促した（図11.5）。

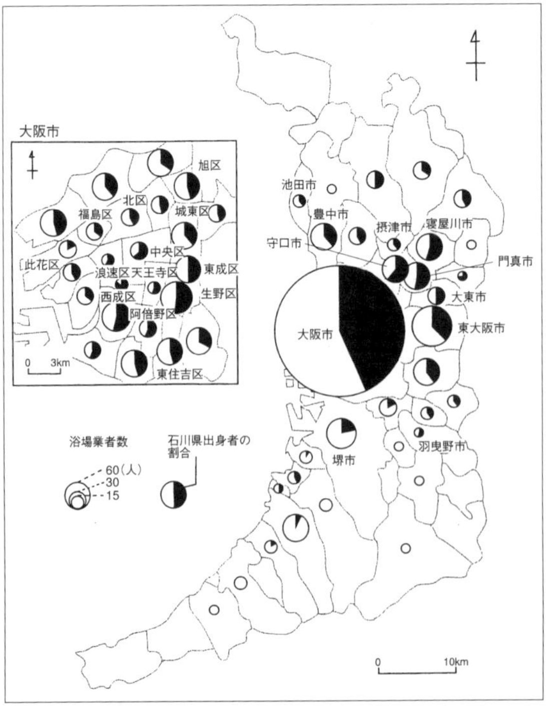

図11.5　大阪府の市町村別浴場業者数と石川県出身者の割合
宮崎（1998）p.401より。

南加賀地方の人々は、公衆浴場が活況を呈した1950年代にとくに多く大阪府へ転入した。こうした転入と開業に際しての相談相手、転入後の当座の落ち着き先として頼られたのが、親族や友人である。このような親族や知人、家族を頼っての移住を連鎖移住《れんさいじゅう》と呼ぶ。大阪府の風呂屋や、豆腐製造・販売業者は連鎖移住の一つの結果だと言える（宮崎 1998)。

このように大都市に移住してきた人々は、同じ職業の人々で構成される同業団体や、場合によっては同一県の出身者などで構成される同郷団体に所属し、活動する。活動の内容は時代によって異なるが、初期は親睦のほか、施設投資や何かあったときのためのお金を積み立てや融資が主だった。

都市への人間の移住には、経済的な要因が強く働いている。例えば、第二次世界大戦後、沖縄県はアメリカの占領地となり、数少ない就業地であった米軍基地の給与は低廉だったこともあり、沖縄県は就職難に見まわれていた。一方、日本本土は 1955 年から高度経済成長期をむかえ、多くの労働者が必要となった。こうした状況で 1957 年より、沖縄の集団就職が開始された。多くの人びとが本土へのあこがれを抱き旅立ったものの、本土での差別などの問題はあとをたたなかった（山口 2004）。そうした中で、本土にやって来た沖縄県人の中には同郷団体として結成された沖縄県人会に所属し、同じ県出身者と活動したのだった。類似した動きは、鹿児島県の離島の奄美諸島出身者が神戸市で 結成した神戸沖洲会や神戸徳洲会でも見られた（中西 2007）。

大都市への移動は、国家的な政策が関与することもある。戦前にも日本からハワイなど海外への国策の移住は見られたが、敗戦後にそれは加速した。土地や食料が不足する中、日本政府や琉球政府は、アルゼンチンやブラジル、ボリビアへの移住政策を展開した。外貨獲得を一つの目的として、フィリピン政府は 1982 年にフィリピン海外雇用庁を設立し、積極的にフィリピン人女性を家政婦として国外に派遣した。香港はその派遣先の一つで、彼女たちは休日である日曜日に、カトリックの礼拝後、特定の場所に集まる。こうして都市は形作られる。

■発見

人間の移動は様々な社会階層と性差において生じている。だから同じ経路で同じ場所に移動しても、その移動それ自体や移動先での経験は同じではない。都市への移動、都市の中での移動をよく観察し、検討することで、人間が様々な力によって移動させられていることが分かってくる。

たとえば、明治時代以降、都市の内部に居住する低所得者層の住宅街は、「スラム」とか「不潔長屋」などと称され、都市の中から外側へと追いやられる。同様のことは海外でも起きている。特に、国家的なイベントに際しては、施設建設のために貧しい人たちの立ち退きや排除がしばしば繰り返されている。たとえば2016年のリオデジャネイロ・オリンピック・パラリンピックに際して、道路建設のために貧しい町が取り壊された。しかし、こうした移動は、イベントの効果を強調する声で見えなくされる。

文化地理学はこうした問題にどのように取り組むことができるのだろうか。

■説明・解釈（意味論的アプローチ）

現在の大阪市の日本橋周辺には貧しい人びとの住む「名《な》護《ご》町《ちょう》」とよばれるスラムがあったといわれるが、明治初期に伝染病コレラが流行すると、その感染がうたがわれる名護町の家屋の居住環境が問題化され、以後、何度かにわたって家屋と住民が一掃された（加藤 2002）。名護町から追い払われた人びとの移転先のひとつが、現在の大阪市西成《にしなり》区の「釜《かま》ヶ《が》崎《さき》」とよばれる場所である。

大正時代には「大貧民街」となっていた釜ヶ崎には、戦後もマス・メディアにおいてスラムとして表現されるなど、つねに差別的な意味が与えられていた（図 11.6）。とくに行政により釜ヶ崎に「あいりん地区」という名称があたえられた1966年以降、国家が釜ヶ崎に介入していく。それまで釜ヶ崎に住んでいた家族世帯と港湾労働者を周到に釜ヶ崎から追い出し、代わりにそこを、1970年に大阪府吹《すい》田《た》市で開催される万国博覧会の建設に従事する日雇い労働者向けの空間に変えていった。日雇い労働者向けの安い簡易宿泊施設の数は1960年代半ばまで増加し、またその収容人数は1960年代に一貫して増加していったのである。こうして人間が追い出され、引き寄せられ、移動することで都市の空間が作られた。

文化地理学の意味論的アプローチは、こうした都市空間における人間への暴力により批判的に介入する。たとえば、この空間が人間の身体を搾取する空間であることに目を向ける。日雇い労働者は、いつでも企業が不要と考えれば切り捨てられる。給与は仕事を紹介する手配師と呼ばれる仲介者にピンハネされる。つまり、釜ヶ崎はこうした資本主義にとって都合のよい柔軟《フレキシブル》な都市空間へと作り上げられた（原口 2003）。

また、この空間への社会的に差別的なステレオタイプを問題にする。弱い立場にある労働者が団結し、雇用主や行政に争議を起こしても、「暴徒」による「暴動」とマス・メディアで取り上げられる。釜ヶ崎が危険で怖い空間であると社会的に認知されることで、そこで生じている労働者の搾取や、社会的な格差に目が向けられない。むしろ、労働者は自己責任で釜ヶ崎に移動したのだと考えられる。

海外でも類似したことが起きている。マレーシアの首都クアラルンプールでは、1970 年代末をピークにスラムの数は減少していたものの、1990 年代になって再び増加している。しかし、マレーシア政府は 2020 年までに先進工業国並みの社会経済水準への到達を目ざす、「ビジョン 2020」を 1990 年に打ち出し、高層建築（ペトロナス・ツインタワー）、高級アパート、ホテルなどをクアラルンプール中心部に建設しはじめた。そして、スラムはこうした美しい都市には不適なものとしてうつりはじめる。

美しい都市を目指す中では、スラムは都市景観を損なわせるものとして考えられている。またスクオッターに占める外国人の割合が高くなると、外国人が犯罪をおこすとか、仕事の機会を奪うという「外国人嫌い《ゼノフォビア》」が強くなり、都市内にあるスラムに対してはいっそう差別的な認識が生れる。スラムをなくすことが政治的に重要な課題となったクアラルンプールでは、低所得者向けの低価格住宅を建設し、そこへの入居をすすめることで都市内のスラムを減少させようとしているのである（藤巻 2003）。

このクアラルンプールでの方法は、ブルドーザーでスラムを一掃する方法に比べれば温和だろう。しかし、現代の社会をうごかす資本主義が、低額でモノをつくり、高額でそれを売ることで利潤を生み出すシステムである以上、低賃金で貧しい労働者はたえず作り出されてしまう。このシステムが存続する以上は、低価格住宅への入居は根本的な問題の解決にはならず、むしろスラムが消えることはそうした問題を見えなくしてしまう可能性もはらんでいる。

国家的なイベントが終われば、目標が達成されれば、誰も移動させられた人たちのことなど覚えていないだろう。そして美しく、便利で、安全な都市空間が遺産《レガシー》として残る。それは誰にとっての遺産なのだろう。

考えてみよう

1. 次の都市の象徴的な景観にどのようなものがあるかリストアップしてみよう。また実際に調べてみよう。

東京都／大阪市／ニューヨーク／ロンドン／北京／ソウル／バンコク

2. 次の都市の景観に対する評価が立場の違い（性別、国籍、年齢、所得、出身地など）によってどのように異なるか考えてみよう。

ディズニーランド／甲子園球場／東京スカイツリー／六本木ヒルズ／AKB48 劇場

3. 都市の中で所得や年齢などを原因として立ち入ることのできない空間にどのようなものがあるだろうか。

調べてみよう

特定の都市が歴史的にどのように形成されてきたのか、地図（今昔マップ）や書籍を使って調べてみよう。都市のどの辺りに繁華街が作られたのか、鉄道が敷設されたのかなどにも注意してみよう。

網島 聖（2012）「近代における同業者町の存続とその意義―明治・大正期の大阪道修町と医薬品産業を事例として―」『人文地理』64-2。

大澤武男（1996）『ユダヤ人ゲットー』講談社現代新書。

加藤政洋（2002）『大阪のスラムと盛り場―近代都市と場所の系譜学―』創元社。

グールド、ピーター・ホワイト、ロドニー『頭の中の地図―メンタルマップ―』山本正三・奥野隆史訳、朝倉書店。

サッセン、サスキア（1992）『労働と資本の国際移動』森田桐郎他訳、岩波書店。

中西雄二（2007）「奄美出身者の定着過程と同郷者ネットワーク―戦前期の神戸における同郷団体を事例として―」『人文地理』59-2。

成瀬 厚（1993）「商品としての街、代官山」『人文地理』45-6。

ハーヴェイ、デヴィッド（2006）『パリ』大城直樹・遠城明雄訳、青土社。

原口 剛（2003）「『寄せ場』の生産過程における場所の構築と制度的実践―大阪・『釜ヶ崎』を事例として―」『人文地理』55-2。

藤巻正己編（2001）『生活世界としてのスラム―外部者の言説・住民の肉声―』古今書院。

宮崎良美（1998）「石川県南加賀地方出身者の業種特化と同郷団体の変容―大阪府の公衆浴場業者を事例として―」『人文地理』50-4。

山口 覚（2004）「海外移住としての『本土』就職―沖縄からの集団就職―」『人文地理』56-1。

吉見俊哉（1987）『都市のドラマトゥルギー―東京・盛り場の社会史―』弘文堂。

Lay, D. and Cybriwsky, R. (1974) Urban graffiti as territorial markers, *Annals of the Association of American Geographers*, 64-4.

森　正人

コラム　ディズニーランド化する都市と公共性

1960年代、郊外住宅に住んでいた富裕な人びとが、次第に都市中心部へ回帰し住み始める「ジェントリフィケーション（紳士化）」という現象があらわれた。ニューヨークの繁華街マンハッタンでは、空き家になっていた軽工業の工場や倉庫《ロフト》に、若い芸術家たちが住み始めた。同時に、マンハッタン周辺にまだ残っていた古い建築は、芸術的な価値をもつものとして見いだされ、昔の方法で修繕された。手間と費用がかかるこうした作業をいとわない人びとこそが、マンハッタン周辺に注目したのである。こうしてマンハッタンの芸術的・文化的価値が高まると、郊外に住んでいた郷紳が都心に帰ってきた。都市のジェントリフィケーションである。

ジェントリフィケーションは世界的な現象である。そしてそれは都市の再開発とセットでしばしば進行する。再開発によって住みやすく、安全な空間が整備され、郊外に居住する富裕層を呼び込む。ここで問題になるのが地価の高騰と立ち退きである。というのも、ジェントリフィケーションが進行すると、周辺の地価は高騰していき、高額な家賃を払うことができない、古くから住民は去ることを余儀なくされるからだ（スミス 2014）。

文化地理学は、こうしたジェントリフィケーションが装う「都市の文化」に批判的に迫る。老朽化し、「危険」な都市空間が一新され、美しく、安全な空間になり、おしゃれで楽しい都市の文化が作られることは歓迎される。しかし、そうした美しさ、安全さ、快適さ、といったものが、誰によって決定され、誰がその決定の過程に入っていないのか、誰にとってのものなのかを文化地理学は問う。

都市の整備はディズニーランドとよく似ている。ディズニーランドは永遠の子どもの国、おとぎの国というテーマを設定し、そのテーマに沿って園内に何を設置し、しないか、どのような建物を建てるか、何を見せるか、誰を入れるか、入れないかなどを決定する。例えば、園内には酒、たばこ、自動販売機、ゴミといったそのテーマに沿わないものはあらかじめ排除されている。ジェントリフィケーションを引き起こす都市の再開発では、路上生活者、若者や外国人などで犯罪予備軍と見なされた人びと、貧しい人びとが排除されている。

図 11.6　神戸ハーバーランドに置かれたベンチ
湾曲するフォルムは寝ることを拒否している。

図 11.7　アンパンマンの石像の隣に区切られたベンチ（神戸ハーバーランド）
正義の味方はどう思うのだろうか。

図 11.8　地下街に作られた青色のベンチ
背もたれがないがおしゃれさが排除を覆い隠す。

　都市は公共の空間である。しかし、近年、この都市空間が行政だけでなく、行政に委託された民間企業によって整備されている。例えば、ディズニーランドのような都市というだけでなく、ニューヨーク市ではディズニー社がその手法を使って、実際に都市の再開発に乗り出している。野宿者が存在した大阪の天王寺公園は「てんしば」として再開発され、管理運営が鉄道企業に委託されている。東京オリンピック・パラリンピックに併せたように、野宿者が存在した渋谷の宮下公園は、渋谷区と不動産会社によって Miyashita Park として整備された。ここでは日本各地の飲食物を提供する飲食店や小売店などの商業施設や、ボルダリングやスケートボードを楽しむことのできる施設、ホテルなどが提供される。

　こうした再開発においてテーマにそぐわない人たちは、新しい建築のために場所から追い立てられる。あるいは、駅や路上に置かれたパブリックアートや、一人ずつ座るように分けられたベンチ（**図 11.6 ～ 11.8**）は、路上生活者が寝る場所をうばっている。入場料を取ったりあるいは高級飲食店や衣料品店がならんでいたりすると、お金を持たない人びとが楽しむことは難しい。さらに、カメラで常に監視し、街のテーマに不適当だと判断される人びともやはり排除されている。「監視カメラ」を「防犯カメラ」と言い換えることで、あるいは犯罪が起こるという恐怖心をあおることで、カメラによる都市の管理は正当化される。

しかも、ディズニーランドもおしゃれな都市も、私たちが訪れる前にあらかじめ不適なものが排除されているために、それが排除されていることになかなか気づかない。また、再開発に際して、「美しい」「おしゃれ」という人間の情感にうったえかけたり、さらに「最新の都会の文化」として紹介されたりするように、「文化的」なよそおいをしているために、何がそこで起きているのかということに目がいかないのである。あるいは、勉強も努力もせず「自己責任」で貧しいのだという主張は、都市の立ち退きを正当化するだけでなく、誰にとっても快適な社会を作るきっかけを壊している。

シャロン・ズーキン（2004）はジェントリフィケーションが、フランス料理や中華料理を現代風にアレンジした創作料理であるヌーベル・キュイジーヌと同じだと言う。両者とも、都市や料理の文脈を無視して、いいところだけを寄せ集めるからだ。安易に本物の都市や料理を定義して批判することは避けねばならないが、そういえば、Miyashita Park の各県の名物料理もヌーベル・キュイジーヌに似ていないことはない。

ズーキン、シャロン（2004）「ジェントリフィケーションとヌーベル・キュイジーヌ」森 正人・松田いりあ訳、『社会学雑誌』21。

スミス、ニール（2014）『ジェントリフィケーションと報復都市―新たなる都市のフロンティア―』原口 剛訳、ミネルヴァ書房。

森 正人（2006）「消費と都市空間」大城直樹・加藤政洋編『都市空間の地理学』ミネルヴァ書房。

森　正人

コラム　植民地主義とオリエンタリズム

知らない場所、行ったことのない場所について、知りたいと思う気持ちは地理学や観光においてとても重要である。しかし、知るということ、知りたいという好奇心は、決して純粋無垢ではない。他所や他者を知ることが、植民地主義的権力と結びつくことがある。

1978 年にエドワード・サイードが出版した『オリエンタリズム』という本は、西洋社会における「オリエント」と呼ばれる地域への知的関心と、西洋社会による中東の植民地主義的権力との共犯関係を指摘する。ヨーロッパにおけるオリエントへの関心は、14 世紀初めのアラビア語、ギリシア語、ヘブライ語、シリア語の講座の設置にまで遡る。こうした言語の学者や、聖書学者（イエスはオリエントと呼ばれる地域出身のため）、イスラーム教の専門家、そして中国学者などは、オリエンタリストと呼ばれた。

「オリエント」は東洋を指し、「オクシデント」と称される西洋の外側に広がる一帯の呼称である。西洋がどこを指すのかということは、本来は自明のことではない。そしてその西洋の外側は、15 世紀末からの大航海時代において様々な場所が西洋によって「発見」されることにともない、拡大していく。つまり、オクシデントとオリエントという対比も、オリエントと呼ばれる地帯も、極めて恣意的に西洋によって定義されるものなのである。

オリエントがどのような場所で、どのような人が住んでいて、どのような文化を持っているかということが、研究者だけでなく、社会の幅広い階層に広がっていくのが、19 世紀半ばであった。詩人、随筆家、哲学者などが、小説や論文などで、自らの見聞も基にして、オリエントの情報を広めていった。

この中で、オリエントの文化や人びとは、西洋よりも知的にも道徳的にも劣った者として表現された。つまり、東洋人は愚鈍で、淫猥で、ずる賢いなどと言われたのである。こうした表現は偏ったものである。例えば、あなたが言語や習慣が全く異なり、しかもそのことを十分に理解しないグループに入ったとしよう。そこで行われている様々なことが分からないあなたは、自分の理解の枠組みでそれを解釈し、それを報告する。オリエンタリズムとは西洋の理解の枠組みにおける東洋解釈に過ぎない。その中で、ある場所や文化が幻想化されたり、否定的に描かれたりするのである。

しかし、サイードはこうした西洋の東洋理解が権力と結びついていることをさらに指摘する。というのも、オリエントは西洋によって一方的に知られ、解釈される立場にあり、西洋を解釈し、記述する立場にはない。この非対称的な関係は、植民地主義における支配する側とされる側という力関係に立脚している。そして愚鈍で、不道徳で、非近代的なオリエントは、植民地主義的な支配によって文明化され、教育され、高尚な人間になるのだというようにして、西洋は自らの植民地主義を肯定したのである。つまり、西洋《オクシデント》による東洋《オリエント》の知識であり描写であるオリエンタリズムは、植民地主義の言説なのである。

サイード、エドワード（1993）『オリエンタリズム 上・下』今沢紀子訳、平凡社。

森　正人

第12章 観光の文化地理学

1. 観光と空間・環境・景観

(1) 空間

ある場所にある珍しい風物（光）を観に出かける行為は「観光」と呼ばれる。ある地点から別の地点への空間的移動は、見たい、食べたい、やってみたいといった経験への欲望によって引き起こされる。

このような観光のための空間的移動は、世界の各地で同じように起きているわけではない。例えば、イギリスで人気の観光地と、日本で人気の観光地は異なる。日本を訪れる旅行客の目的地と日本人の間で人気の国内観光地が一致するわけでもない。さらに、日本で人気の国内、国外の観光地や旅行先は時代によっても変化する。日本政府観光局やJTB総合研究所などのホームページをもとに、日本ではどのような国や地域が人気の旅行先であるのか、あったのか、を調べてみると、観光客の空間的移動について理解することができるだろう。

世界の中で、著名な観光地が集中している国や地域と、そうではない国や地域が存在する。観光地は空間的に不均等に存在するのである。観光地が少ない国や地域には魅力がないのだろうか。例えば、その国や地域の港湾や空港、鉄道といった交通インフラストラクチャーの整備、国内や地域内、その周辺での政治的状況（内戦や戦争）などとどのように関係しているのだろうか。

(2) 環境

アメリカ合衆国とカナダの間にある五大湖のナイアガラの滝や、オーストラリアのエアーズロックといった雄大な自然は、多くの観光客を惹きつける。また、「ピーターラビットのお話」で知られるイギリスの湖水地方には、雄大な自然の風景と湖畔の質素でおしゃれな街並みを見るためにイギリス国内外の観光客が訪れる。さらに、国立公園やユネスコの世界遺産など、観光において自然環境は重要な要素である。

自然の風景を愛でるだけでなく、天然素材を使った食物や土産品も、観光においては重要である。例えば、和歌山県の高野山では、宿坊に宿泊し、精進料理を食べ、身体の中をきれいにするプランがある。また、インドネシアのバリ島では、森林の中のカフェでリラックスしたり、アロマ・オイルのマッサージで疲れを取り除いたりするサービスを提供する。

しかし、自然はつねに観光の対象であったわけではないし、自然が「美しいもの」だと考えられてきたわけでもない。たとえば、イギリスの湖水地方は18世紀まで夜も水の流れる音がするゾッとするほど恐ろしい場所だと考えられていたし、同じ時期までヨーロッパ大陸でもアルプス山脈の山々は怪獣が棲む危険な場所だと考えられていた（図12.1）。海水浴は観光の重要なアクティビティの一つであるが、海水「浴」という言葉が暗示するように、当初は海水に浴して、塩水で皮膚の治療をしたり、波動で体内の調子を整えたりするというように、医学的な治療の行為であった。イギリスのブライトン（森 2012）や日本の大磯海岸（小口 1985）にはそうして作られた海水浴場がある。当初は、波動による治療が重視されていたため、波が強い岩石海岸を含む海浜に海水浴場は開設された。

図12.1　スイスアルプスのザルガンサーラントに出現した（1660年頃）と発表された猫の頭を持つ竜

18世紀のアルプス山脈では依然としてドラゴンなどの怪物がいると言われた。

また、観光において「自然」が強調されるとき、その場所が昔から人間の立ち入ることのない「無垢」なものであることが前提にされている。しかし、ナイアガラの滝やエアーズロックはアメリカの先住民やオーストラリアのアボリジナルの人びとの信仰の対象であった。それらは聖なる意味が与えられた場所なのである。しかも、アメリカやアフリカ大陸の国立公園は、先住民の立ち入りを禁じ、彼らを締め出すことで作られた「自然」でもある。

(3) 風景

様々な風景が観光の対象になる。どのような風景が現代の観光において特に人気があるか、話し合ってみよう。たとえば、旅行代理店に置かれている旅行パンフレットには、どのような風景の写真が掲載されているだろうか。複数のパンフレットを比較するとどのようなことが分かるだろうか。北アメリカ大陸諸国、アジア諸国、ヨーロッパ諸国、アフリカ諸国などで紹介される観光地の風景にはどのような特徴があるだろうか。比較してみると何が分かるだろうか。

観光地の風景の多くは、それ以前には美的な価値の認められていなかったものが、特定の時代の「観光のまなざし」（アーリ）によって見出されたものである。この観光のまなざしは、都市化や近代化とある時代には結びついていた。というのも、変貌する都市や近代化する社会の中で、人びとは前時代的なものに郷愁を感じ、好奇の目を向けたからだ。フランスの北岸の海岸の風景と漁師たちは、長く、荒々しく危険なもの、無教養な者と評価されていた。しかし、19世紀半ばにパリのサロンやカフェに集う画家や知識人たちの間で、その美しさや、質素な生活が評価されるようになり、観光のまなざしによって価値が見出された。

12.2　クロード・モネ「Hotel des Roches Noires」（1870年）
フランス北西部のノルマンディ地方が観光化され、海に面したホテルが建てられていることを示している。

この観光のまなざしは、当時の交通テクノロジーと関係している。というのも、この時代、パリから北岸部には鉄道が敷設され、このことが知識人や画家たちの移動を容易にし、結果的に北岸部の観光地化を後押ししたからである。沿岸部に観光客が訪れるようになると、大規模なホテルが建設されるのだが、観光客は海の風景を楽しむため、ホテルの窓は海側に付けられた。それは海からの風とその被害を防ぐために海側には窓を設置しなかった漁師の建築物とは対照的であった（図 12.2）。

2.観光の文化地理学的実践

(1) 風景から考える観光文化の変遷

■発見

日本では江戸時代以降、旅の大衆化にともなって街道が発達し、街道沿いに旅人が宿泊する宿場町が形成された。旅人たちが目指したのは有名な社寺仏閣や、病気、怪我などの治癒のための温泉だった。しかし宿場町の中には現在では廃れてしまったものがあるし、温泉地の中には江戸時代にはそれほど有名でなかったのに、現在、人気を集めるものがある。これらは歴史的にどのように変化してきたのだろうか。

■説明・解釈（分析・実証的アプローチ）

地形図で、江戸時代の街道を見つけよう。どのようなところを街道は走っているだろうか。また、近くにかつての街道はないだろうか。その街道沿いにはどのような建物や石造物などが残っているだろうか。

街道の発達は自然環境条件と関係している。例えば、関東平野の中山道の地形条件を検討すると、歩きやすさを確保するために街道は比較的直線で、平坦かつ安全性の高い台地をできるだけ通過し、山地や丘陵地、そして水害被害にあいやすい扇状地を避ける傾向がある（熊原 2010）。また、街道沿いに形成される街村や宿場町の形態は、その土地条件と関わっているし、そこに残る古い建造物の建築様式はその土地の歴史と関係している。例えば、現在の徳島県の脇町には、町家の両端に本瓦葺きで漆喰塗りの「うだつ」が多く残っている。これは吉野川という自然環境と結びついている。

温泉地は、言うまでもなく、火山活動という自然条件と密接に結びついている。しかし、江戸時代に人気の温泉地と 20 世紀に入ってからのそれとを比較すると、後者には都市近郊の温泉地が見られる違いがある。これは、鉄道が敷設され、都市に居住する人びとが余暇活動を楽しむようになり、鉄道で日帰りや短期の宿泊日数で温泉を娯楽として訪れるよ

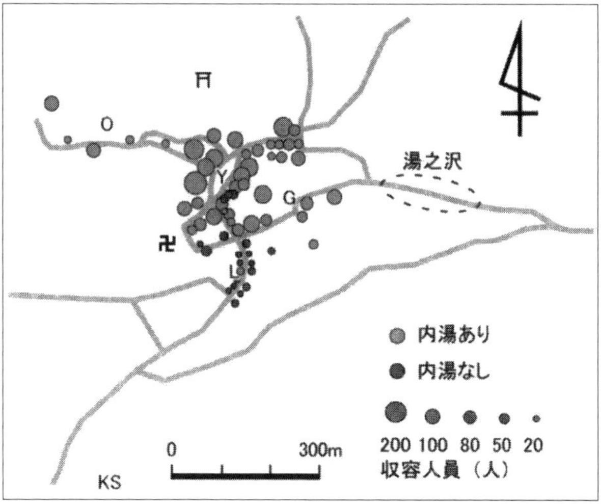

図 12.3　草津温泉における旅館の分布（1940 年）

Y: 湯畑　G: 地蔵湯　O: 凪の湯
L: 瑠璃の湯　KS：草津温泉駅
関戸（2018）より。

うになったためである。かつての温泉は長期間滞在し、病気や怪我を治療する「湯治」が主だったのとは、これは対照的である（関戸 2007）。

群馬県の草津温泉は古くから知られる温泉地だが、鉄道の敷設や温泉の観光化にともなって、温泉街の景観は大きく変化した。1912 年に設立された草津軽便鉄道は、1926 年に軽井沢と草津温泉を繋ぐことで、多くの入浴客が草津温泉を訪れることが可能になった。1935 年には鉄道省が渋川と草津を結ぶ上州草津線の乗合バスを運行したことで、より速く移動することが可能となると、鉄道よりも乗合自動車がより用いられることとなった。また旅館に注目すると、1940 年の資料より、この時期の旅館の規模には大きな差があり、30 人に満たない宿が全体の 4 割ほどを占めていた（関戸 2018）。旅館の内湯の有無を調べると、宿泊料金の比較的高額な大規模旅館は内湯を備えている一方、小規模旅館の多くは内湯を持たず、昔ながらの共同浴場を利用する湯治宿だったことがわかる（図 12.3）。

(2) イメージと観光地の誕生

■発見

海水浴は治療のために始まった。しかし、現在、治療のために海水浴に出かける人はほとんどいない。むしろ海水浴は楽しみの活動であり、少し前までは日に焼けた肌は健康の象徴でもあった。こうした海水浴場の近くには鉄道の駅がある。海水浴の娯楽化や健康のイメージは、どのようにして作られたのだろうか。また鉄道とどのような関係にあるのだろうか。イギリスと日本の例から考えてみよう。

■説明・解釈（意味論的アプローチ）

イギリスの南部の漁村「ブライトルムストーン」は18世紀の半ば、病気から回復させる良質の海水と空気を持っていると評判になり始めた。その名が知られる中で地名が「ブライトン」へと変化した。当時、産業革命の中心地の一つであったロンドンは、当時不衛生だと考えられており、ブライトンはそうした不衛生な都会からの脱出者が訪れるようになった。1841年にブライトンとロンドンが鉄道で結ばれると、多くの人が週末をブライトンで過ごすようになったのだった。

日本の和歌山県にある白浜海水浴場についても考えてみたい。明治時代、この地には、崎ノ湯という温泉を中心に湯治場として賑わう温泉場の湯崎温泉があり、白良浜《しららはま》付近の瀬戸村地区は温泉を持たず、そこには含まれていなかった（図12.4）。この瀬戸村地区へ1919年に外来の観光資本が参入し、人工掘削によって温泉を湧出させ、白良浜の略称の白浜温泉として売り出した。この周辺一帯は、「湯崎白浜温泉」や「白浜湯崎温泉」と総称されるようになる。1933年に大阪から南下した鉄道が到達すると、駅名が「白浜口」とされ、それを契機にかつての湯崎温泉も含めて「白浜温泉」と総称されるようになっていった。このように、観光資本と鉄道資本によって、白浜温泉が作られたのである（神田 2001a）。

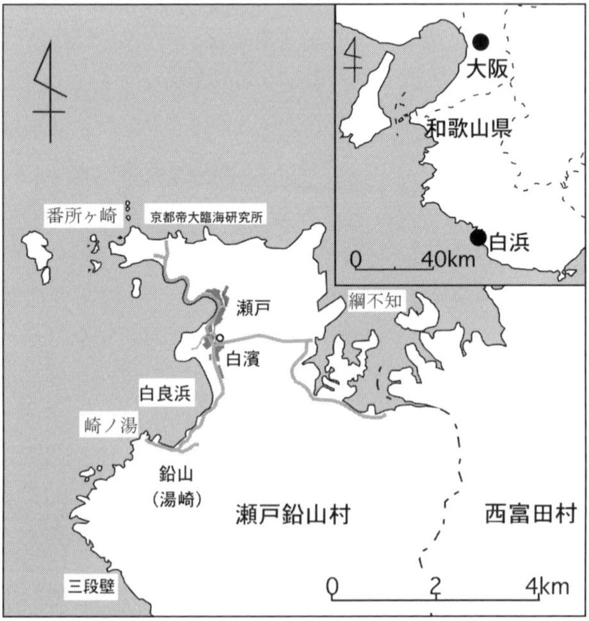

図12.4　南紀白浜温泉位置図　神田（2001a）による。

では、どのようなレト

リックが海辺と健康を結びつけたのだろうか。キーワードは「オゾン」「爽快さ」「滋養強壮」である。とくにヨーロッパでオゾンという語が積極的に用いられるようになるのは1830年から40年代にかけてである。これは、大気の低いところに広がっている有害ガスと対比され、場所の健康のイメージ付与に大きく貢献したのだった。また、海水による治療よりも、日光浴によるビタミンDの体内での生成が論じられるようになると、海水浴場での行為も、水に浸かることから、紫外線を浴びることへと変化したのだった。海水浴という余暇活動は、様々なイメージと結びつく（森 2012）。

和歌山県の「白浜」という名前は、観光地のイメージづくりに関係する。白浜の「白」は、近くの工業都市である大阪の黒いイメージとの対比で重要だった。日常の仕事の場である煤煙の黒っぽい大阪とは対象的な、白いイメージの楽園として考えられるようになったのである。またこの白浜の喚起する白さのイメージは、当時の日本人の憧れであった欧米を想起させるものだった点も重要である。例えば、1933年に土地会社が建設した白浜ホールのパンフレットでは、「仏蘭西《ふらんす》料理」や「欧米カフェー情緒横溢《おういつ》」したテラスなど、洋風のイメージをことさら強調していたことが確認できる。

白浜において近代的開発が進行し、都市とのアクセスも良くなった1933年頃からは、熱帯動植物園が開園し、熱帯植物が植樹されるなど、エキゾティックな南国のイメージを強調するための事業が開始されるようになる。なぜならば、洋風イメージを喚起する近代的開発は、都市的であるがために必ずしも都市住民にとって非日常性を感じさせるものではなかったからである。1935年頃には、南国イメージを強調した宣伝を鉄道会社などがおこなっていく。このように、白さのイメージに、憧れの南国イメージを新たに加えるなかで、「南紀白浜温泉」という呼称が定着していったのである（神田 2001b）。

(3) まちづくりと伝統的建造物―赤瓦は何を語るか―

■発見

社会において都市化が進む中、近代的な都市が整備される以前の伝統的な建造物が、観光の対象となる。江戸時代からの変わらぬ町並みのほか、近年では明治時代以降の近代化の中で作られた建造物も「遺産」として観光客の関心を惹いている。どのようにして建造物は観光の対象になるのだろうか。そしてどのように建造物は維持されるのだろうか。

■説明・解釈（意味論的アプローチ）

月刊旅行雑誌『旅』1961年9月号の表紙は、岡山県倉敷市の朽ちかけた白壁の土蔵の写真が置かれている。しかし、現在、この土蔵はきれいに修復されている。修復は、1961年よりも昔らしく見えるようになされている。

日本では1975年の文化財保護法の改正にともない「伝統的建造物群保存地区」が選定され、建物が伝統的に見えるよう修景したり、それへの補助金を支出したりするようになった。各地のまちづくりの一環として、伝統的な町並みの整備が始まったのである（森 2010）。しかし、町並みの保存や修景はそれ以前にも行われていた。

沖縄県の竹富島《たけとみじま》は、石垣島から船で10分ほどのところに位置し、赤瓦と漆喰《しっくい》の伝統的な家屋と、白い砂という美しい町並みが観光客を惹きつけている。しかし、竹富島の景観の歴史を紐解くと、昔から赤瓦の家屋がたくさんあったわけではなく、家屋の多くは島で採れる茅《かや》の屋根だった。

沖縄県が1972年に本土復帰すると、この島の土地はリゾート開発のための買い占めに見舞われた。1971年と1974年に大干魃に見舞われ、島の経済が疲弊したことも、土地の流出を進める要因となった。こうした島の危機に際して、島民だけでなく島外の人も参加する「竹富島を生かす会」が結成され、活動は成功を収め、島の土地は守られた。この運動の中で守るべき竹富島の伝統として焦点が当てられたが町並みと伝統的な民家だった。1975年に観光光資源保護財団（現 日本ナショナルトラスト）の調査対象となり、また同年の文化財保護法改正に伴い、町並みの伝統的な価値に対する関心が高まっていった。結果として1986年には竹富町歴史的景観形成地区保存条例が制定され、その後、1987年4月に重要伝統的建造物群保存地区に選定されたのだった。

こうした中で、伝統的な町並みとされたのは、①白砂を敷きつめた道、屋敷周辺に巡らせた高さ150cm前後のサンゴ石の石垣、その石垣越しに見える赤瓦を漆喰で固めた低い屋根と福木などの豊かな緑という、町のたたずまい、②屋敷内の建物の伝統的な配置（主屋とかつての炊事棟であるトーラ、屋敷の入り口である石垣の開口部に設けられたヒンプン、前庭や菜園）、③家屋自体の形態（木造平屋造りで琉球赤瓦葺漆喰塗もしくは茅葺きの寄棟屋根）である。とくに視覚に強く訴える赤瓦葺漆喰塗は、他の場所にない個性として強調される。

こうして伝統的な風景の重要な構成要素となった赤瓦ではあるが、実は語られない歴史がある。それは、赤瓦は比較的近年に登場したものだということである。赤瓦屋が竹富島に出現したのは、人頭税が廃止され、様々な生活の禁制が解かれた後の 1905 年のことであり、つまり、赤瓦は竹富島の近代社会への移行と、富の象徴でもあった。伝統的な建造物の建材が島外から調達されていることも語られない。こうして、竹富島「固有」の伝統が竹富島の内部で育まれ維持されてきたかのような印象が作られていくのである。

考えてみよう

1. 心に残っている、あるいは好きな観光地と、その観光資源をリスト化してみよう。どのような特徴があるのか話し合ってみよう。
2. 著名な温泉地や海水浴場がどのように発展してきたのか、今昔マップなどで時代ごとの地図を見ながら考えてみよう。町の大きさや鉄道の発展はどう関係しているのだろうか。
3. 旅行代理店のパンフレットや、ウェブサイトを利用して、様々なツアーについて分析してみよう。どのような旅行者（性別、年齢、所得など）向けに、どのようなプラン（旅行先、食事、ホテルなど）が販売されているだろうか。比較するとどのようなことが分かるだろうか。

調べてみよう

複数の出版社の観光ガイドブック、あるいは同じ出版社の出版年が異なるガイドブックの記載情報の違いや、変化はあるのだろうか。どのような理由が考えられるのだろうか。

アーリ、ジョン（1995）『観光のまなざし―現代社会におけるレジャーと旅行―』加太宏邦訳、法政大学出版局。

小口千明（1985）「日本における海水浴の受容と明治期の海水浴」『人文地理』37-3。
小口千明（1998）「療養から行楽型海水浴への変容と各地の海水浴場」『地方史研究』48-5。
神田孝治（2001a）「南紀白浜温泉の形成過程と他所イメージの関係性―近代期における観光空間の生産についての省察―」『人文地理』53-5。
神田孝治（2001b）「近代大阪のトポグラフィー（6）―憧れの白浜〈前編〉―」『大阪春秋』105。
熊原康博（2010）「平野地域における歴史的沿いの地形条件―関東平野の中山道を事例に―」E-journal GEO。
関戸明子（2007）『近代ツーリズムと温泉』ナカニシヤ出版。
関戸明子（2018）『草津温泉の社会史』青弓社。
福田珠己（1996）「赤瓦は何を語るか―沖縄県八重山諸島竹富島における町並み保存運動―」『地理学評論』69A-9。
森 正人（2010）『昭和旅行誌―雑誌『旅』を読む―』中央公論社。
森 正人（2012）『英国風景の変貌―恐怖の森から美の風景へ―』里文出版。

森　正人

コラム　観光と多様なメディア

メディアとはある場所・人・時間と、別の場所・人・時間との間を媒介するものである。新聞、テレビ番組、雑誌のほか、教科書や博物館、SNSなどもメディアに含まれる。様々な場所の地理情報を観光用にまとめたものが観光ガイドブックである。

観光ガイドブックは、ドイツのカール・ベデカーが最初にガイドブックの刊行を始めたのは1828年、イギリスのジョン・マーレイが刊行を始めたのは1836年である。日本でも19世紀末に民間の出版社がガイドブックを刊行し始め、20世紀に入ってからは鉄道行政の省庁の一つの鉄道院がガイドブックを刊行し始める。また、鉄道省の後援を得て1924年に、日本人に対して、観光としてどこに出かけるべきか、どのように振る舞うべきかを説く月刊旅行雑誌『旅』がスタートした。ガイドブックや旅行雑誌といったメディアが、観光地や見るべき風景のほか、そこで何ができて、何をすべきかを説明したのだった（森 2010）。こうして観光の文化が作り出されていく。

『旅』は発刊当初より、アマチュアカメラマンの関心を惹きつけた。巻頭に風景写真が掲載され、広告欄でもカメラが多く宣伝された。特に小型カメラが開発され、フィルムが簡単に交換できるようになる1970年代には、カメラやフィルムの広告が盛んに掲載された。観光と写真撮影との結びつきは、どの風景をどの角度から撮るのかということにも現れている。というのも、写真、雑誌、ガイドブックといったメディアに掲載される美しい風景や、楽しいアクティビティの写真は、その種別も撮影の角度なども類似しているからである。こうして観光の経験（何を見るか、何をするか）は共有される。

近年では旅行雑誌は廃刊や休刊して、かつてほどはガイドブックの影響力もない。代わりにインフルエンサーが観光地で撮影した、食事やホテル、風景といった写真は瞬く間に世界中にインスタグラムといったSNSで拡散し、人びとの他所の想像の仕方を作り上げている。ガイドブックや雑誌と、SNSで発信される情報の質、そして読者やフォロワーへのそのインパクトはどのような違いがあるのだろうか。

森 正人（2010）『昭和旅行誌―雑誌『旅』を読む―』中央公論新社。

森　正人

コラム　グローバライゼーションと場所

世界の様々な場所が、国や地域の境界を超えて、交易システムや情報テクノロジーなどによって相互に結びついている状態を「グローバライゼーション」と呼ぶ。グローバライゼーションは各場所を隔てる空間的障壁を取り除く。交通システムや情報テクノロジー、金融システムなどの発達によって、ある場所の情報やそこで作られた商品が、あっという間に別の場所に到着するのだ。これは時間による空間の圧縮（ハーヴェイ 1999）である。

グローバライゼーションは、食物や衣服、音楽や情報を介して、わたしたちと世界の様々な場所を結びつけ、日常生活をつねに更新している。身の回りにあるものや現象をとおして、私たちがどのように世界の他の場所と関わっているか考えてみよう。また、これは、街の風景を常に変化させている。海外に本社を持つテーマパークやファーストフード店、カフェが、都会だけでなく地方都市にも現れる。グローバライゼーションと風景との関係に関心を向けてみよう。

グローバライゼーションは世界をどんどん小さくし、一つの空間にしている、そこでは多様な場所の特性やその場所の文化が失われているとしばしば主張される。確かに私たちは他の国や地域の人と同じようなファッションに身を包み、同じような食物を口にしている。しかし、本当に場所や風景、そして文化は均一化しているのだろうか。そうだという主張は、どのようなことを覆い隠しているのだろうか。

まず、グローバライゼーションが場所や風景、文化の特性を均一化しているという主張について考えてみたい。アメリカ的な食物で、グローバライゼーションの代表的なものとして挙げられることの多いハンバーガーの中で、今では馴染みのものとなっているテリヤキバーガーは、日本の企業であるモスバーガーが開発し、世界中に広がったものである。画一的なハンバーガーが世界中に広がっているのではなく、ローカルな特性に基づいて新しいハンバーガーが生み出されている。また、グローバライゼーションの象徴的な企業は、場所の特性に合わせた店舗のデザインを行っている。たとえば異人館で有名な神戸市の北野では、スターバックスが異人館の建物に出店している。都市景観への配慮が必要な京都市では、ファーストフードだけでなく、大手コンビニや運送業者の店舗デザインが、他の都市のそれとは大きく異なる。つまり、グローバライゼーションが場所や風景、文化を均一化するだけでなく、場所や風景の特性がむしろ重要になる（ハーヴェイ 1999）のだ。場所も風景も文化も、決してグローバライゼーションの影響を一方的に受ける受動的なものではなく、つねに動いている。

グローバル企業で提供されるサービスや商品は同じだという声もあるだろう。しかしそれは、文化を単にコーヒーやファッションといった物質的な消費に還元することである。私たちは商品やサービスを消費する以上の存在だし、どのようにそれを消費するかは、その人が置かれた文化的、社会的な状況によって異なるはずである。

次に、グローバライゼーションは、依然として場所と深く結びついていることを考えてみよう。東京とニューヨーク、東京と北海道の間の移動時間が短くなる一方、交通機関が減便されたり、廃止されたりするために、二地点の間にある場所の移動時間が長くなる。アメリカ合衆国がメキシコとの国境に壁を建築し、ヨーロッパの国々が特定の国とルートからの難民の入国を拒否しているように、国境管理はむしろ強化されている。グローバライゼーションの中で「外部の流入から守るべき場所」という考え方が現れているのである。また、SNS の情報ネットワークにより世界は小さくなると言われる一方、例えばフェイスブックに対する政府の規制や、情報インフラの未整備によりそうしたネットワークに入らない場所がある。国家間の貿易に関する規制によって、輸入し購入できる商品が異なる。つまり、どこに住んでいるのか、その場所の特殊性によってグローバライゼーションと呼ばれる空間の中にいるのかが異なるのだ。グローバライゼーションは場所の特性を取り除くのではなく、むしろ必要とするのである（マッシー 2014）。

このグローバライゼーションの空間の中にいても、その人が社会のどの位置を占めるのかで恩恵にあずかることができるのかどうかが異なる。グローバル企業の商品を購入したり、飛行機で自由に行き来したりできる富裕層、特定の空間に遠慮なく出入りできる性別や身体の特性というようなことに、どれだけ想像力を働かせられるだろうか。

ハーヴェイ、デヴィッド（1999）『ポストモダニティの条件』吉原直樹監訳、青木書店。
マッシー、ドリーン（2014）『空間のために』森正人・伊澤高志訳、月曜社。

森　正人

第13章　性の文化地理学

性差は長く自然のものだと考えられてきた。性とは男性と女性に分けられ、男性の体格や性格と女性の体格や性格といったものは先天的に決定されていると考えられてきたわけである。しばしば言われる男性、女性それぞれの性格や傾向とは一体何なのだろうか。それは、特定の社会の中で作られた性差、つまり男性だから○○である、〜の仕事が向いている、女性だから××である、△の仕事が向いているというような、社会的な決定の産物に過ぎない。こうした社会的な性差をジェンダーという。

しかし男性と女性の差は単純にジェンダーだけで理解されるわけではない。その理由の一つは、男女の社会的性差を強調することは、社会的に決定される以前の生物学的性差（セックス）を認めることになるからである。なぜ生物学的性差を認めることに問題があるのか。それは、男女の生物学的な差異は、性器の形態でも、性腺（ホルモン）でも、性染色体でも完全には認められない。それらを指標にしても、常に「男」「女」のどちらにも属し、あるいはどちらにも属さない実存が残されるのである。

したがって、私たちが問うべきは男性か女性か、それが生物学的性差か社会的性差かではなく、性差が存在すると前提する性をめぐる様々な物言いや制度である。

1. 性と空間・環境・景観

(1) 空間

ジョニー・シーガーの『女性の世界地図』は、世界において女性がどのように位置づけられているか、世界地図で示す。例えば、男女間の差別格差をしめす「ジェンダーギャップ指数」を世界地図で示すと、北欧諸国、フランスやドイツ、イギリスといった西洋のいくつかの国、カナダやニュージーランドなどの格差が小さい一方、日本をはじめとするアジア諸国は格差が大きく、中東やアフリカ大陸の国々は最も格差が大きいことが分かる。ただし、アジアでもモンゴルとカザフスタンの格差は比較的小さい。こうした格差はどのような制度によって拡大されたり、縮小されたりするのだろうか。それはどのような空間的拡がりと関係するのだろうか。シーガーは同性愛の法的地位や児童婚、中絶、売買春やセックスツーリズムといった「性」に関わることも地図で示しており、これらが空間的な現象であると言える。

世界の空間的な拡がり以外にも、性は私たちの身の回りに空間として現れている。例えば、男性と女性という性的区分を前提にした、あるいは男性女性のどちらかしか立ち入ることのできない空間にはどのようなものがあるだろうか。かつてイギリスの酒場であるパブには、女性の入場は認められなかった。現在は女性の入場は認められているが、それでも女性がビールを飲んでいると眉をひそめられる。

社会的に区分されていないものの、そこに入ることが躊躇《ためら》われる空間も存在する。例えば、女性のファンが多くを占める宝塚歌劇団の劇場や、特定の男性アイドルのコンサート会場に、男性が足を踏み入れることは難しい。恐怖や嫌悪の感情をともなう空間もある。女性が犯罪の被害に合う可能性の高い、満員電車や夜道といった空間がそれに当たる。電車内での女性の性的被害を防ぐために、2000 年代には女性専用車両が導入された。男性専用車両がないことから、逆差別だと主張する人たちもいるが、男女をめぐる様々な力関係を考慮したとき、こうした主張は妥当だろうか。

男性と女性というカテゴリーを前提にして作られる空間区分は、そうした区分に馴染まない人びとの違和感を喚起する。例えば、身体の性と心の性が一致しない人びとにとって、男女のどちらかを選ばなければならないトイレは心理的な抑圧を感じる空間である。そのため、イギリスでは男性用、女性用のそれぞれでジェンダーニュートラルな便器が使われ、また全てが個室になっている。また、そもそも男女の区分を設けて

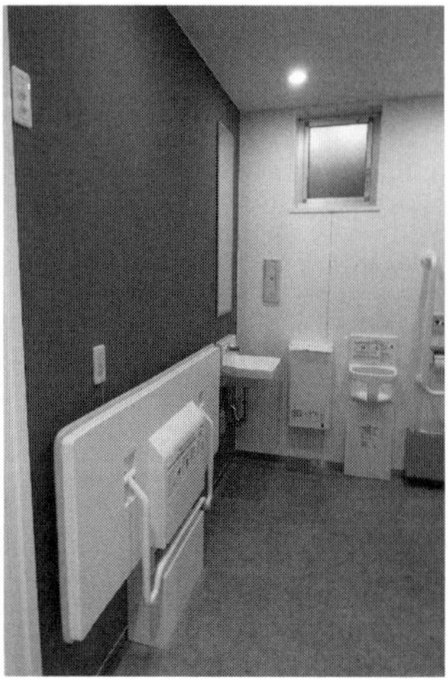

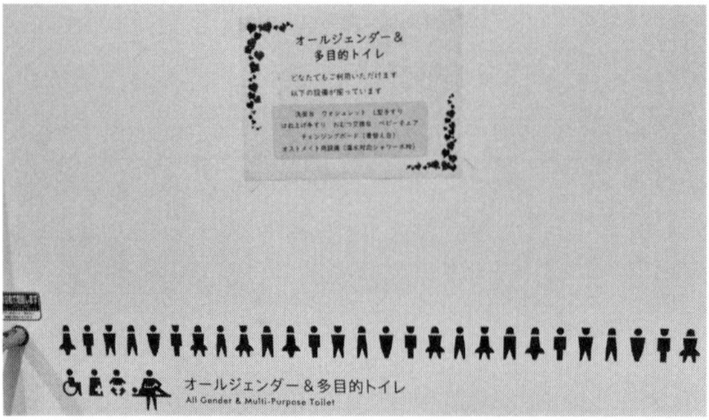

図 13.1　名古屋大学ジェンダーリサーチライブラリーに設置されたオールジェンダートイレ

多様な性のほかに、幼児のおむつ交換が可能で、身障者も利用できる。左は内部の様子で、画面手前左の壁に身障者のベッド、画面奥にベビーチェアがある。

いないトイレも国内外に設置されている（**図 13.1**）。

(2) 環境

思い浮かぶ動物を書き出し、それらがアニメや物語の登場人物となるとき、女性と男性のどちらの性別に振り分けられる傾向があるか考えてみよう。こうした作業によって、自然環境の様々なものが性別化されていることが分かってくる。

動物以外にどのようなものが性差として挙げられるだろうか。例えば「母なる大地」という物言いは、すべての人間を受け入れ、優しく包み込み、癒す自然環境と女性を重ねたものである。反対に「男性的な自然」という物言いは、人間を圧倒する冷気や嵐のような自然環境と男性を重ねたものである。これは女性は子どもを産み、育て、癒す存在であり、男性は強く、活発な存在だという、女性らしさ、男性らしさが前提になっている。具体的に見てみよう。明治時代の哲学者の和辻哲郎は『日本風景論』（1894 年）の中で、日本は女性的な桜ではなく、土壌の質が悪い断崖絶壁でも根を張る男性的な松の国だと書いている。それは、日本という国の男性らしさ、力強さと、松の生命力を結びつけている（森 2017）。

言うまでもなく、こうした女性らしさ、男性らしさは、それぞれの地域や時代によって異なるものであり、したがって本質的なものではない。しかし、自然環境とそれらが結びつけられることで、「自然」のこと、当然のことと自明視されるのである。

(3) 景観

性差を前提とする景観は私たちの身の回りに溢れている。例えば、アニメや漫画のキャラや、ご当地キャラなどには、男性らしさ、女性らしさのステレオタイプが溢れている。キャラクターの髪型、服装、体型、性格や、戦闘系アニメなら武器や戦闘服などにどのような男性らしさ・女性らしさが現れているか考えてみよう。

あるいは、大学における男女の構成を見てみよう。事務職員の仕事内容に、男女の人数の偏りはないだろうか。大学の教員に、男女の人数の偏りはないだろうか。かつて、学会の受付に女性ばかりが並んでいることが指摘された（丹羽 1998）。今ではどうなのだろうか。

町中には多くの彫刻作品が設置されている。ここにはどのような性差のステレオタイプが現れているだろうか。このような視点で周囲を見回した場合、男性を被写体にした写真集、女性を被写体にした写真集のどちらが多いのだろうか、またそこで被写体となる男女はどのような姿をしているのだろうか。

18 世紀のイギリスの画家、トマス・ゲインズボロが描いた「アンドリューズ夫妻」という肖像画がある（**図 13.2**）。これはアンドリューズ家がどれほど広大な敷地を所有しているのかを見せるために依頼されたものなのだが、夫妻の姿をよく見ると性差が現れている。夫は猟銃を持って立っていて、今すぐにでも狩りに出かけそうなのに対して、妻は椅子に腰掛け、背後にある広葉樹の根と彼女のスカートがまるで同化しているようで、動きを感じさせない。この動と静の対比は、男女に期待される社会的役割に関係して

図 13.2　ゲインズボロ「アンドリューズ夫妻の肖像」

いる。当時のイギリス社会において庭に植えられた広葉樹は一家の繁栄の象徴であり、彼女はこの土地に根付き、子どもを産み育て、一家を繁栄させていく存在であることが暗示されている（ローズ 2001)。

2.性の文化地理学的実践

(1) 女性へ配慮する空間

■発見

女子寮や男子寮は、性別によって区分された空間だと言える。学生だけでなく、社会人も性差によって居住空間が区分されることがある。様々な犯罪や被害、問題から女性を守るためだと言われるが、女性への配慮にはどのような問題が含まれるのだろうか。

■説明・解釈（分析・実証的アプローチ）

男女の性別による労働内容の区分は、いつの時代にも見られたものではない。近世の様々な労働の場面では、性差に基づく労働区分や労働空間の区分は顕著ではなった。性差が強調されるのは明治時代以降であり、男性が公的な場で賃金労働、女性が私的な場（つまり家庭）で不払い労働に従事するようになり、また家庭内で年長男性が力を持つ家父長制というシステムが導入された（上野 2020)。

公的な場で賃金労働に従事する女性は「職業婦人」と呼ばれ、教師や事務労働者など、女性の特性に合った職業に就くことが認められた。工場勤務の女性たちは工場の近隣に設置された宿舎に居住する。しかし、地方から都会へと教師や事務労働といった仕事のためにやってきた女性に、それぞれの学校や企業などが宿舎を提供することは難しい。ここで問題になるのが、こうした親の目を離れ、都会にやって来て自由を獲得した女性、私的な空間を出て公的な空間で活躍する女性、つまり近代的な家族のカテゴリーに当てはまらない女性をどのように「配慮」し、管理するかということである（影山 2000)。そうした「配慮」には、女性が男女関係のトラブルに巻き込まれたり、「不適切」な関係を作ったりすることも含まれる。

こうした女性に配慮し、保護するために女性用アパートが機能した。同潤会によって 1930 年に東京の小石川区に建設された大塚女子アパー

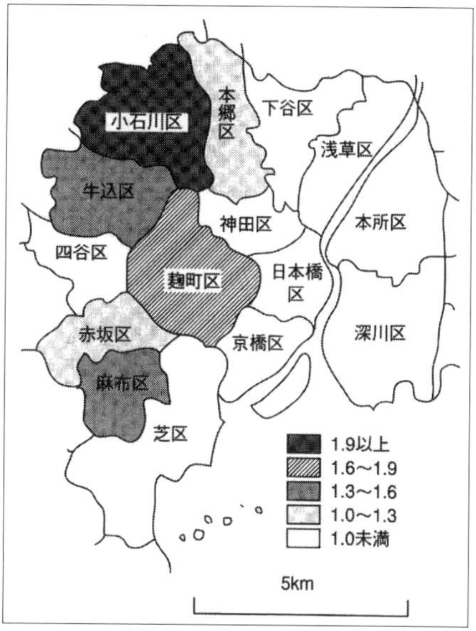

図 13.3　昭和 5 年　教育業に従事する女性の特化係数

影山（2000）p.330 より。

トはその一つであった。小石川区は1930 年の時点で教育業に従事する女性に特化した区であり（**図 13.3**）、アパートは教員を想定したものであった。この居住空間は、入居女性からは戸締まりが厳重であるため安全、安心で、良好と評価される一方、世間一般からは憧れや好奇のまなざしで見られた。とくに重要なのは、この空間が私的な空間で男性によって管理される女性像に当てはまらない人びとを、管理する機能を担ったことである。そしてそれは、女性自身も当時、女性が単身で生きていくのには十分に安全ではない空間として都会を認識していたことも意味している（影山 2000）。

(2) 男らしさの文化政治学

■発見

フェミニズムやジェンダーと聞くと、女性をめぐる問題に思えるかも知れない。しかし、フェミニズムやジェンダーが問題にするのは、決して女性に限らない。というのも、先に考えたように、私たちの身の回りには男らしさ、女らしさの表現物にあふれており、こうした性差を前提にした「らしさ」もまたフェミニズムやジェンダーは問題にするからである。では、たとえば私たちの身の回りにある町中のポスターや広告は、いったいどのような問題があるのだろうか。

■説明・解釈（意味論的アプローチ）

かつて喫煙が男らしさの象徴だった時代がある。たばこのポスターを検討すると、①男性が自然と対峙する、②喫煙は言語を用いることなく男性らしさを表現する、③喫煙する男性は女性の賞賛的な視線を受ける、④男性はたばこの煙を吐き出すことで、一定の空間を占有する、⑤女性に比べると広告に現れる男性たちは空間的な間隔がある、という特徴が浮かび上がる。

①は、自然に対峙し、挑戦する男性の力強さとたばことの関係を示している。②は、言葉を発せずとも喫煙する身体で空間における存在感を示すことが出来る喫煙と男性らしさ、③は、喫煙する男性への女性の憧れ、④は、吐き出す煙と男性の存在感、⑤は、喫煙行為が空間を隔てていても男性同士のコミュニケーションを可能にするということを示すのである（村田 2005）。こうしたたばこの広告には、女性も登場するが、女性が上記の①から⑤までの特徴を持つことはない。つまり、たばこと喫煙行為は、特定の男性らしさと結びつけられているのである。

第二次世界大戦中の日本では、男性らしさは力強さと、女性らしさは忍耐と結びつけられた。男性の力強さは兵士になる身体の肉体美によって、女性の忍耐は男性が戦地に赴き国内に不在の中、家族や国を守るのだという言葉によって、強調された（森 2017）。

このように、女性らしさや男性らしさは、ある時代において、ある場所において作り出された社会的な性差（ジェンダー）の指標である。だからこれらは、昔から普遍的なものでも不変のものでも、生物学的に本質的なものでもない（ジャクソン 1998）。このジェンダーは、日常生活の様々な場面で、無意識に刷り込まれ、私たちの日常的な発言や行為をとおして常に更新されている（バトラー 1999）。これをジェンダーの行為遂行性《パフォーマティヴィティ》と呼ぶ。どのような場所や空間において、特定の行為が遂行されているのだろうか。考えてみよう。

(3) 性的なことがら《セクシュアリティ》と空間スケール―身体から国家まで―

■発見

私たちの身の回りには、「らしさ」だけでなく、様々な性的な規範がある。たとえば、長い間、男性は性的な放埒さが許容されるのに対して、女性は貞淑が求められてきた。近年は著名人の「不倫」がマスコミを賑わす。不倫が悪であるかどうかという価値判断は置いておくとして、こうした性と性的行動や欲望をめぐる規範が「不倫」という概念を作り出していることは間違いない。こうした中では、産む性と位置づけられる女性の性的指向性は、男性より厳しく規範化されてきた。他方で、定期的に出生率の低下が、人口減少の問題としてマス・メディアで取り上げられる。こうしたことに地理学はどのように取り組むことができるのだろうか。

■説明・解釈（意味論的アプローチ）

性的な欲望や行動、指向性や規範は、ある時代において、ある場所において作り出されたものである。こうした特定の時代と場所において作り出される性に関わることがらを、セクシュアリティと呼ぶ。性的や欲望や衝動といったセクシュアリティ全般は、長く個人の嗜好性の問題だと考えられてきたが、特定の社会において性的な衝動や行動に関する禁止や抑圧を通して作られたものである。ミシェル・フーコー（1986）が取り上げる例は、自慰行為の禁止や、性的倒錯者の定義、女性のヒステリーへの対処法、そして夫婦による避妊を通した人口調整である。こうした「性」に関する「私的」なことがらが、医学や精神医学、国家政策といった公的なことがらによって干渉されることで、セクシュアリティが作られるのである。

地理学においてセクシュアリティの問題は、性的規範がどのように身体空間の中に書き込まれ、それが人々によって行為遂行的に実践されるかという点で議論されてきた。例をあげよう。戦後の日本はアメリカ的な民主主義を導入した。この時に問題になったのが女性の「自由恋愛」による倫理の乱れだった。とくに戦後の一時期、男性労働者の不足を大きな要因として女性は職業婦人として家庭から公的な場に進出することが許された。この自由な女性が自由に男性と恋愛関係を築くことが、「日本の伝統的な」貞淑観念を崩すとされ、女性雑誌などでは盛んに女性の性的倫理を規制しようとした（森 2018）。

また戦後すぐに、日本社会はアメリカ的な社会をモデルとして、生活を合理化し近代化する生活改善運動を農村を舞台に展開した。ここで問題になったのが、当初は「産児調整」1950年代半ばに「家族計画」と呼ばれるようになる、家族の人数の調整であった。というのも、限られた資源と国土の日本において、無計画な人口増加は、十分な教育や適切な体位を備えない人間を増加させることになり、むしろ国力を削ぐと考えられたからである（森 2019）。家族計画は「明るい家庭」と「豊かな社会」を作るのだと喧伝され、特に「産む性」である女性に避妊具の使用を強く求めた。また、避妊具や避妊薬品の広告では、男女の夫婦に子

図 13.4　サンプーンの広告（『読売新聞』1958 年 9 月 21 日付）
家族計画をする家庭としない家庭が対照的に描かれている。どのようなことに気づくだろうか。

ども 2 人が描かれ、家族のあり方も規定されていた（図 13.4）。

ここでターゲットになったのが女性の身体空間である。女性は特定の男性以外との性的な関係を控え、夫との性行為においては避妊するような性的指向性が示され、女性の身体的経験もまた方向づけられる。しかも、こうしたセクシュアリティの管理は、各村や地区単位で行われた。つまり、身体という私的な空間が、村や地区といった一定の空間的な広がりの中で規制され、しかもそれがより広い国家という空間的広がりにおける人工調整へと結びつくのである。

近年、多様な性や LGBTQ+ が広く認知されている。これらもまたセクシュアリティや性的指向性に含まれる事象である。多様な性や LGBTQ+ は、かつての男女の夫婦とその子どもという前提を掘り崩している。生物学的な男女の婚姻関係、その夫婦の生殖活動による子どもという関係とは異なる「家庭（ホーム）」という空間が現れているのである（福田 2018）。

考えてみよう

1. 男性らしさ、女性らしさをリスト化してみよう。

2. 様々な職業をリスト化し、男女のどちらが多くを占めるか、そして給与の多寡はどうなっているか書き出してみよう。そこからどのようなことが考えられるか考えてみよう。
3. あなたが読んできた物語や漫画、観てきたテレビ番組で、登場人物はどのような男性らしさ、女性らしさの特徴があっただろうか。考えてみよう。

調べてみよう

インターネットの新聞記事から、近年、性の多様性がどのように議論されているかをまとめてみよう。賛成、反対はどのような立場からどのようなことを主張しているのだろうか。

上野千鶴子（2020）『近代家族の成立と終焉 新版』岩波書店。
影山穂波（2000）「1930 年代におけるジェンダー化された空間―同潤会大塚女子アパート―」『人文地理』52-4。
シーガー、J. (2020)『女性の世界地図―女たちの経験・現在地・これから―』中澤高志・大城直樹ほか訳、明石書店。
ジャクソン、ピーター（1998）「男らしさの文化のポリティクス――つの社会地理学にむけて―」『空間・社会・地理思想』3。
丹羽弘一（1998）「風景と場所のあいだ　ジェンダーの風景、知、そして第二の場所」荒山正彦・大城直樹編『空間から場所へ―地理学的想像力の探求―』古今書院。
バトラー、ジュディス（1999）『ジェンダー・トラブル―フェミニズムとアイデンティティの攪乱』竹村和子訳、青土社。
フーコー、ミシェル（1986）『性の歴史I―知への意志―』渡辺守訳、新潮社。
福田珠己（2018）「ホームの地理学とセクシュアリティの地理学が出会うとき―近年の研究動向に関する覚書―」『空間・社会・地理思想』21。
村田陽平（2005）「現代のたばこ広告にみる男性の身体と空間」『人文地理』57-5、532-548。
森 正人（2017）『展示される大和魂―〈国民精神〉の系譜』新曜社。
森 正人（2018）『「親米日本」の誕生』KADOKAWA。
森 正人（2019）『豊かさ幻想―戦後日本が目指したもの―』KADOKAWA。
ローズ、ジリアン (2001)『フェミニズムと地理学―地理学的知の限界―』吉田容子訳、地人書房。

森　正人

コラム　女性たちの場所

仕事における男女の性的な役割、性的分業は、歴史的な産物である。同じ国であっても、その土地ごとに性的分業のあり方は異なる。それは伝統文化というものではなく、その土地でどのような産業が展開したのか、ということで異なるのである。リンダ・マクドウェルとドリーン・マッシーはイギリスの４つの場所における性的分業と労働との関係をまとめている（McDowell and Massey 1984）。

2000年にイギリスで公開された映画『ビリー・エリオット』（2001年の日本公開時の邦題は『リトル・ダンサー』）は、1980年代半ばのイングランド北東部の炭鉱街ダラムを舞台とする。主人公のビリー少年は、炭鉱夫の父、兄、そして祖母の３人で暮らしいている。1960年代以降、イギリスでは炭鉱が次々と閉鎖され、炭鉱夫たちは次々と仕事を失う。それに抗うように、ビリーの父親と兄は、労働組合に属し、閉鎖に服従しない「連帯」を男らしさと重ね合わせ、それを日常的な態度でも示していた。

ビリーは父親から強い男になるためにボクシングを習わされるのだが、隣で練習する「女のバレエ」に魅せられる。父親に隠れてバレエを続けようとするビリー、それを支えるLGBTQ+の友人。炭鉱の街を取り囲む国家的な政策と、そこで展開される男性らしさと女性らしさという性的規範の虚構性を映画は示している。

ダラムを含むイングランド北東部は、18世紀から19世紀にかけての産業革命にともない、ガスや料理用の燃料としてダラム郡での石炭の産出量は劇的に増大したことで、多くの炭坑労働者が流入し、活況を呈した。1913年がダラムの石炭産出量のピークで、この年、ダラム郡には304の炭坑で16万5千人以上が働いていた。ダラムでの炭鉱産業を支えていたのは、ジェンダーである。というのも、この時代のダラムでは、男性が炭鉱労働、女性が家事労働に従事していたからだ。この家族内での性的分業は炭鉱産業がこの土地で大規模に展開する中で作り出されたものである。とくに、炭坑労働ででは、服だけでなく顔を含めて体中が煤だらけになるため、帰宅する夫や息子たちのために妻は体を洗うための大きなたらいに熱湯を入れる必要があった。賃金労働者として家計を支えるようになった男性の家庭内での地位は高く、夫が食事に手をつけるまで家族は待つというように、家父長制が広く普及していた。

映画『リトル・ダンサー』が取り上げる1980年代半ば、炭鉱が閉鎖され、炭鉱夫の男たちは仕事を失い、代わりに安い賃金労働者として女性が生活費を稼ぎ始める。家庭に残された男性は、当初は家事労働に取り組まなかったが、次第にそれに関わるようになっていく。家庭内の労働は本来、可変的なのである。

イングランド北西部のランカシャー一帯は、18世紀半ば以降、産業革命の中心地として躍進を遂げる。植民地から送られてきた綿花を糸にする紡績業と、それを布にする織布業は、当初は小規模な家内工業で行われていた。しかし特に19世紀に入って蒸気を利用した動力機が本格的に導入されると、大規模な工場制機械工業が展開した。この変化は労働者の変化も意味した。つまり、特別な技術を持つ男性労働者によって独占されていた紡績業と織布業がそれほどの熟練した技術を要しなくなったため、男性よりも安い賃金で働かせることのできる子どもと女性によって占められるようになったのである。男性が仕事を失えば、家計を支えるためにさらに多くの女性が賃金労働者として家庭を出て、工場で働くようになった。

この地域の特徴は、女性たちの労働組合加入率の高さであった。彼女たちは工場主や資本家に労働条件の改善を訴え、資本家の男性たちはそれを押さえ込もうとした。他方で、自分たちの仕事が奪われることで権威を失った男性労働者と労働組合は、資本家との「利害の一致」によって共闘して女性を押さえ込もうとした。こうして男性主義的な家父長制は主張されたのだった。女性たちの労働組合活動の活発さは、後にこの地から女性の参政権運動が展開する大きな要因となった。ただし、女性による活発な政治的運動はこの地域に限定されていたため、全国的に展開することがなかった。

マクドウェルとマッシーはこのほか、ロンドン近郊の服飾産業、イングランド東部のイースト・アングリアの農村での女性の労働と、それによる家庭空間の再編を吟味する。それによって、男性が外で働き、女性が家庭内で働くという性別分業は決して普遍的ではなく、特定の時代の、特定の場所の文脈によって偶然に作られたものであること、それゆえに、それぞれの時代と場所の文脈において多様な性別分業のあり方と家父長制の強弱があることを示している。

McDowell, L. and Massey, D. (1984) A woman's place? Doreen Massey and John Allen (eds.),*Geography Matters! A Reader*, Cambridge: Cambridge University Press in Association with the Open University.

森　正人

コラム　他者とは誰か

フェミニズムの研究は男性中心主義的な社会において、女性が男性に劣った存在だと、一方的に扱われていることを批判した。男性と女性という対立軸のほかに、劣った存在だと扱われるのはどのような人たちだろうか。たとえば、年少者や黒人、精神障がい者や身体障がい者、性的マイノリティや移民などが挙げられるだろう。

こうした「劣った」人びとは本質的なもの、先天的なものではなく、歴史的なもの、社会的なものである。子どもという存在が西洋で発明されたのは、近代的な家族像が形成される 16 世紀から 17 世紀であり、それ以前は子どもと大人は分けられていなかった（アリエス 1980）。黒人の劣位性は奴隷制の維持のために重要であり、皮膚の色と知能が密接に結びつけられるのは 18 世紀以降に「人種」という概念が登場してからである。「狂気」とは何かという定義はつねに歴史的に変化するもので、18 世紀末以降、狂人は治療のため保護されるようになった（フーコー 1975）。精神障がい者はこうして誕生する。

あらゆる「劣った」人びとは歴史的に定義された存在である。彼らは主流派の人びとや権力を持つ人たちによって、「他者」にされた存在なのである（コラム「植民地主義とオリエンタリズム」も参照→ 151 頁）。このことは文化地理学にとって重要な論点である。その理由は二つある。第一は文化に関係することで、優れている／劣っていると定義される特定の人びとは、文化的に象徴化された存在だからである。第二は空間に関係することで、劣っているという意味が書き込まれた身体という空間は、それよりも大きい特定の空間に収容されたり、あるいは特定の空間にアクセスできなかったりするからである。

たとえば、東京都港区南青山での児童相談所の開設をめぐって、2018 年ごろからその場所のブランドイメージにふさわしくないと反対運動が起こった。反対者は、この施設に関係する児童と親が「普通ではない」と判断したのである。同じようなことは精神病院や刑務所、少年院や障がいからの社会復帰施設などの開設においても見られる。健常者が「普通」だと考えられていた時代、公共交通機関を車いすで利用することは困難で、歩行困難者がアクセスできる空間は限られていた。異性愛が「普通」だと考えられる社会では、同性愛者同士が出会う空間は非常に限られる。東京都新宿区の特定の地区には男性の同性愛者（ゲイ）のみが入店できる店舗が集まっている（須崎 2019）。

フェミニズムは女性が男性中心主義によって「他者」にされていることを糾弾する思想である。そして女性だけが他者にされているわけではなく、男性らしくない男性のような性的規範に沿わない者、同性愛者、多性愛者、無性愛者のように性愛が「倒錯」している者もまた、他者とされていることが議論される。そしてまた、性だけでなく、人種や身体、精神の「正常さ」に基づいて特定の人びとを他者とすることの暴力性も議論される。他者の定義の虚構性と暴力性、そしてそれをめぐって展開される空間的現象に、文化地理学は照準を合わせるのである。

須崎成二（2019）「「新宿二丁目」地区におけるゲイ男性の場所イメージとその変化」地理学評論 92-2。
フーコー、ミシェル（1975）『狂気の歴史―古典主義時代における―』田村 俶訳、新潮社。

アリエス、フィリップ（1980）『〈子供〉の誕生―アンシァン・レジーム期の子供と家族生活―』杉山光信・杉山恵美子訳、みすず書房。

森　正人

第 14 章

文化地理学の前線と現代の文化

文化地理学は刻々と変化する社会に合わせて、考察の対象を押し広げてきた。この章では大学生のライフスタイルにおいて比較的馴染みのある４つのトピックを選び、文化地理学が今、どのようなことに、どのように取り組んでいるのかを紹介したい。

1.スマート・フォンとデジタル文化

(1) 発見

スマート・フォンは単なる電話機能を超えて、私たちの生活に不可欠なものに次第になっている。すぐに情報が検索できるほかに、この機器を用いて支払いを行い、QR コードを読み取って登録し、GPS 機能と地図機能を用いて目的地へと移動する。言うなれば、スマート・フォンは私たちの日常生活をデジタル化する役割を果たしている。スマート・フォンやパソコンを用いたインターネットは「サイバー空間」と呼ばれる。このサイバー空間について文化地理学は議論を重ねてきた。特にスマート・フォンによるデジタル化が、私たちをデジタル的に操作したり管理したりもしていることについて、文化地理学は批判的に検討している。私たちはどのような影響をそれによって受けているのだろうか。

(2) 説明・解釈

2016 年に世界に発表された「ポケモン GO」は、スマート・フォンとそこに装備される GPS 機能及び地図アプリを用いた、位置情報ゲームアプリである。このゲームの利用者は、アプリのインストールされた機器を持って市中に隠れた「モンスター」を発見し、捕獲する。街中にはポケモンGOの利用者が、スマート・フォンを片手にウロウロする姿で溢れた。

このポケモンGOは、利用者が自分の「意志」でアプリをインストールして、開始するものである。しかし、実際にゲームが始まると、人びとはアプリが指し示す場所へ移動する。モンスターを捕獲するためのポケストップやジムはゲーム内で示されるので、そこに移動する。その場所は、民間企業との「コラボ」ということで特定の店舗にも設定されている。その店舗前に移動することで、「ついでに」その店舗の商品を買う可能性はどれくらいあるだろうか。また、鳥取県の鳥取砂丘にはたくさんのポケストップが設定されているため、多くのユーザーがモンスターを捕獲するためにこの場所へ移動した。「捕獲」されているのは、モンスターなのか、ユーザーなのか。

ポケモンGOの利用には特定のインターネット関連企業のアカウントを開設し、ログインする必要がある。そうすると、誰（性別、年齢、閲覧履歴、商品購入履歴など）が、いつ、どこに移動しているのか、という個人情報が収集されることになる。AR（拡張現実）モード機能を使用するなどして撮影されたポケモンの写真はデータベースとなるクラウド側にも映像や画像が送信される可能性がある。そうであれば、ポケモンだけでなく、スマート・フォンに保存されている個人の写真などもまた蓄積されるかも知れない。このようにして個人のデータは開発元や特定企業に把握されるのである。

ポケモンGOだけでなく、スマート・フォンを用いた店舗での支払い、駅での運賃の支払いもまた、私たちの行動履歴をデータとして蓄積している。現実の社会だけでなく、オンライン上での仮想的な行動も同じである。閲覧履歴や商品購入履歴をもとにして、次に購入すべき「おすすめ」が提示される。これは私たちの現実と仮想の行動が把握されていることを意味する。

そうすると、私たちが日常生活において感じる楽しさ、喜び、満足、といった営為である「文化」とは、デジタル技術とデジタル機器と複雑に結びついており、またそうした文化がデジタル技術や機器によって操作されているかもしれないことが分かってくる。

考えてみよう
あなたがゲームの開発者や管理者になり、ユーザーのアカウント、個人情報や位置情報などが得られるとしたら、どのようなことが合法的、非合法的に可能だろうか。

2.私たちの意志や理性とは何か

(1) 発見

スマート・フォンでTwitterやInstagram、FacebookなどのSNSを見たり、発信したりすることは普通の行動となっている。スマート・フォンを肌身離さず持ち歩くために、常に新しい情報が届けられる。しかもただ情報を受け取るだけでなく、SNSではそれをフォローしたり、それに肯定的、否定的な評価をしたり、共有したりする。こうした新しいスマート・フォンの文化や習慣は、地理学としてどのように考えられるのだろうか。

(2) 説明・解釈

スマート・フォンなどを用いたSNSの特徴の一つが即時性である。人びとは美しい風景やおしゃれな服、豪華な食事といった情報に対してすぐに何らかの反応を見せることが求められる。場合によっては、特定の国や人びとに対する情報に対して、瞬間的な評価が必要となることもある。例えば、○○の国が軍事力を高めている、××の国で日本に対する訴訟が起こったなどというような「センセーショナル」なニュースに対して、それは本当なのか、どういう経緯で起こったのか、それがどのような結果を引き起こすのかといった、情報の文脈を吟味する時間が十分に確保されていない。

こうして、SNSをとおして瞬間的、即時的に、好感や嫌悪感が喚起され、そうした感情がこの国やあの国、この人たちやあの人たちに対する考え方を作り上げていく。SNSとそれを可能にするスマート・フォンは便利である一方、こうした私たちの感情の湧出に大きな役割を果たしている。そして瞬間的に湧出した感情が、あの国は好き、その国は危ない、あの人たちは嫌いといった、私たちの世界に対する判断の基準となる。

どのようにして感情が瞬間的に刺激され、湧出するのか。そうした感情がどのように、私たちの仲間と、敵のあいつらという区分を作り出すのか。こういう感情による場所や人への想像は、文化地理学において重要な研究課題となってきている。そして感情へ注目することは、私たち人間とは何者かという問いかけでもある。というのも、これまで人間は「理性で判断」する存在であり、感情は理性による判断に劣ると考えられてきたのだが、その理性と感情という区分が疑われているからだ。

頭で理性的に判断すると言われるけど、実際には理性と感情に違いなどないのではないか、理性的に判断しているように思ってきたけれど、瞬間的な感情によって実は物事を決めてきたのではないか。そう視点を変えてみると、ではスマート・フォンのSNSの情報や、文字ですらないInstagramの美しい写真が、どのように人間の行動や価値基準を形作っているのかが問題になる。

また、SNSでインフルエンサーが私生活の情報を提供し、それによって人びとの感情が刺激されるのだが、そうした一連の感情的なやり取りが、結局のところSNSに広告を掲載している企業や、SNSを運営する企業の利益となっている。こうした新興のビジネスを感情資本主義と呼ぶ（伊藤 2019）。私たちは自分の意志や感情の出来《しゅったい》にどれほど自覚的だろうか。

考えてみよう

インターネットのニュースで多くのコメントが殺到するのはどのような種類のものかを考えてみよう。どんな人、国の、どのようなニュースなのだろう。それに対して、どのような立場でどのようなコメントが書き込まれているだろうか。

3.身体は誰のもの？

(1) 発見

私たちは身体を自分のものだと考えている。しかし、私たちは自分のものである身体をどれほど知っているのだろうか。例えば、私たちは自分の身体の前面は知っているが、後頭部や背中など後面がどのようなものかを知らない。また、私たちは衣服で身体を着飾るが、どの衣服を選ぶのかということは流行に左右される。パラリンピックでは身体を補う様々な器具が用いられるが、私たちもメガネをかけることがあるし、ペンを持ったりパソコンを用いたりしなければ文章が書けない。このように、身体は自分固有のものでありながら、身体について私たちが知らないことは多く、しかもそれは身体の外側にある物質と結びついている。こうした身体を地理学は身体空間と呼び、研究してきた。どのようなことが議論されているのだろうか。

(2) 説明・解釈

身体の肥満症状を指す「メタボリックシンドローム（通称：メタボ）」が流行語に選ばれたのは2006年である。肥満は今や、生活習慣病を引き起こす悪と考えられている。しかし、お腹が出ている状態はかつて「太鼓腹」と呼ばれ、豊かさや幸福の象徴と言われた（田中 1993）。頭髪が少ない薄毛や毛髪が無い禿《はげ》頭も、ある時代までは頭の知恵を使っているからだとされ知識の象徴であり、また帽子で蒸れるからだとされ帽子を被る近代人の象徴であった。つまり、身体の状態の意味や価値は、社会や時代によって決められるのである。

分かりやすい例として体育を挙げよう。体育は明治時代に軍隊の訓練をモデルにして学校教育に導入されたものである。当初は「体練」と呼ばれ、男子にのみ課され、女子は免除された。現在の体育の授業を思い出してほしい。最初に教えられるのは、隊列の組み方である。体育の座り方という独特の座り方は、手を前で組むことで砂遊びをさせず、また足と胸を近づけることで、大きな声を出せないようにしている。運動会では運動能力とは無縁の組体操を実施する学校がまだ多い。これらは、堅強な男子の身体を作るためのカリキュラムで、反対に女子には表現豊かな身体を作るためのダンスなどのカリキュラムが用意されている。こうして「男」「女」の身体が作り出されるのである。

このように、肥満や禿頭といった、社会や時代によって意味づけられた身体は、改善するように求められる。例えば、第二次世界大戦前や大戦中、健康優良児が賞賛され、反対に「不健康」とされた身体は、強くなるよう合宿に強制的に参加させられたり、改善を強く要求されたりした。こうした強制的なものではなく、「自主的」に改善することも求められる。不健康なメタボの身体は、自己管理ができていないものとされ、職場で改善するよう求められてきた。禿頭は「悩ましい」もの、劣等なものと表現され、カツラをかぶったり、育毛剤を使用したり、最近は内科の病気として診察を受けることで、「普通」の身体の状態になるよう促されてきた（森 2013）。

ジェンダーやセクシュアリティの視点からすると、男性らしい身体／女性らしい身体が定義され、それに当てはまらない身体は異常と表現された。のみならず、男性らしい身体／女性らしい身体の性的指向性（恋愛・性愛がどういう対象に向かうのか）が区別されたり、女性らしい身体とは子どもを産み、育てる身体だというように、身体の形状が性的役割を示してもきた。身体とはこのように政治的なものである。

近年のデジタル技術の進展は、身体を様々な情報のデータベースと扱っている。スマート・フォンやマンションの鍵の指紋認証、イベントの出入り口や空港での顔認証や虹彩認証といったものは、私たちの身体空間の特性を、まるで商品のバーコードのようにして扱っている。私たちがドアやゲートの向こう側に行くことができるかできないかが、デジタル技術によって判断される。

しかも、こうした生体認証は個人の特定だけに使われるわけではない。首都圏を中心に JR 東日本の駅の中に設置されている acure（アキュア）と称される自動販売機は、カメラを搭載し、購入者の顔を認証し年代や性別に応じて「おすすめ」の商品を提示する。これらはデータに集積された年齢や性別、顔貌などの情報をアルゴリズムが解析し、使用者や閲覧者の行動を予測していることを示している。あるいは、髪や皮膚の色なども含めた身体的特徴と、出身地や宗教、学歴などといったデータが瞬時に組み合わされて、その人が犯罪を引き起こす確率が算出され、本当にそうなのかどうかということを超えて、私たちの行動を許可したり制限したりしているのである。

私たちが生きるデジタル文化において、身体は私たちが考えている以上に複雑になっている。私たちは身体、ひいては自分をどれだけ知っているだろうか。

考えてみよう

あなたの身体にはどのような特徴があるのか、それは生まれつきの特徴以外に、どのような要因がその身体を作ったのだろうか。

4.移動について考える

(1) 発見

2020年に一気に世界的な現象となった新型コロナウイルスの感染拡大にともない、多くの人の移動が制限された。一方、2011年3月の東日本大震災にともなう原子力発電所の爆発では、特定の空間に居住する人たちが移動させられた。このような人間の移動を、文化地理学はどのように考えるのだろうか。

(2) 説明・解釈

人間の移動は自分の意志で行うだけではない。先に紹介したように、デジタル技術や生体認証によって移動が許可されたり、許可されなかったりする。特定の政治的思想を持つ人や、特定の危険性を持つ可能性があると判断される人の移動は、ある規則のなかで制限される。また、こうした人たちが移動していることが公表されると、その人がどこにいるのか疑心暗鬼になったり、その人たちが行きそうな場所が厳重に警備されたり、さらにはその人たちの出身地が報道されたりもする。

このように移動は、単にある場所から別の場所への移動にとどまらず、不安を喚起したり、警備を整備したりと、様々な「社会的な効果」を持っている。移動（不動）を引き起こす力や制度、あるいは移動が引き起こす社会的な効果を、「移動性《モビリティ》」と呼ぶ（森 2021）。この概念では次のようなことを考える。

① 誰・何が誰の移動を引き起こすのか、あるいは移動させないのか
② どのような、速度、周期性、経路で移動するのか

③ 移動する人や物はどのようにメディアなどで表現されるのか
④ どのようにして移動を止めるのか

コロナウイルスの感染拡大を例にしてみれば、一定期間、政府の政策によって人間の行動が制限されたり、禁止されたりした。この行動規則を破る人たちに対しては、ウイルスをまき散らす不道徳な人と批判が加えられ、場合によっては「自粛警察」が登場した。様々な理由で移動している人は、警察や自粛警察によって移動を止められる。ワクチン接種が一定度行き渡ると、今度は接種した人の移動は認められる一方で、接種を証明できない人の移動が批判される。

東日本大震災に際しての原子力発電所爆発によって、特定の空間の居住者が移動させられた。このとき、放射能汚染の可能性があることから、移動可能な経路が限定され、速やかに移動させられた。汚染地域から移動してきた人や物は、放射能被爆の可能性に対する恐怖や不安、嫌悪を引き起こし、人びとが差別されたり、農作物の不買が起きたりした。また、放射線量が高い物の移動は止められた。福島県ナンバーの自動車の移動は、不安や嫌悪を引き起こし、見知らぬ人が写真を撮っていたことも新聞などで報じられる。一方、農作物の不買に対しては風評被害という言葉が用いられた。

このように、コロナウイルスや震災という大きな出来事において、移動性の問題は顕著になる。しかし、日常生活の様々な場面でも移動性の問題は実は起きている。たとえば、先に紹介したポケモンGOは、デジタル技術がこの動きを作り出している。そしてその移動が愉楽の文化を支えているのである。

様々なテクノロジーが複雑に絡み合う現代の社会では、物や人間の身体の移動もまた、社会や文化の構成要素である。つまり、移動とは決して何かの原因によって引き起こされる結果であるばかりでなく、その移動が恐怖や不安、歓喜や愉楽を誘発してもいるのである。

考えてみよう

あなたの最近の移動について考えてみよう。どのような力や制度があなたの移動を引き起こしたのか、あなたはどのようなルートや速さ、周期で移動したのだろうか。最近、移動が批判される人たちがいただろうか。

伊藤 守編（2019）『コミュニケーション資本主義と〈コモン〉の探求―ポスト・ヒューマン時代のメディア論―』東京大学出版会。
田中 聡（1993）『なぜ太鼓腹は嫌われるようになったのか？―「気」と健康法の図像学―』河出書房新社。
森 正人（2013）『ハゲに悩む―劣等感の社会史―』筑摩書房。
森 正人（2019a）「ポケモンGOと監視社会―人間の終わりの始まり？―」神田孝治・遠藤英樹・松本健太郎編『ポケモンGOからの問い―拡張されるリアリティ―』新曜社。
森 正人（2019b）「スマートなるものと確率化される現実社会―人と物のデジタル的管理への批判的視角のために―」『観光学評論』6-1。
森 正人（2021）『文化地理学講義―〈地理〉の誕生からポスト人間中心主義まで―』新曜社。

森　正人

コラム　地理学は重要である

私たちは世界そのものを直接経験することはできず、国や場所の知識や情報をもとにして、あの国はああいう特徴がある、この場所はこういう特徴があると判断している。それはつまり、特定の方法で世界を想像していることを意味する。地理学が発見し、説明・解釈した知見もまた、私たちの世界の想像力に深く関与している。

ただし、私たちにもたらされる知識や情報は価値中立なわけではなく、特定の立場から見て、解釈したもので、いわばバイアスがかかっている。そうであれば、私たちがどのような立場で世界を想像しているのか意識することはとても重要である。本書で紹介してきた、軽井沢や沖縄といった場所や風景の意味や価値が、歴史的な産物であることを明らかにし、理解する地理学の態度は、大地だけでなく私たち自身とは何者かを問う。

また、本書で文化地理学の視点として紹介した、空間、環境、景観は、私たちの社会を作り出しているもので、これらについて理解することも重要である。私たちには想像しづらいが、かつて時間と空間は一体のものだった。ヨーロッパでは17世紀に時間と空間がはっきり分けられ、時間と空間が計測され始めた。その中で、時間は進歩をもたらす動的なもの、空間は時間によって改良される静的なものと考えられるようになった。時間と空間に対する私たちの想像の仕方は、歴史的な産物なのである（森 2021）。

しかし、いくら人間が様々なテクノロジーを開発し、進歩したとしても、依然として気候や地形といった自然環境がそうしたテクノロジーに影響を与え続ける。富士山のように象徴化された景観は、依然として日本の国家意識を作り出している。学校の教室や都市といった空間は、その中に何をどのように空間的に配置するかということを通して、人間の考え方や振る舞い方に大きな影響を与えている。つまり、空間（場所）、環境、景観は決して単なる動かない物質なのではなく、それが人間の社会に様々な効果を与えているのである。

『空間のために』という本の中で、イギリスのドリーン・マッシーは、時間が空間よりも優位であるという考えの問題を指摘し、時間と空間をともに考えることの重要性を「ともに投げ込まれていること」という概念で強調している。空間は人間同士だけでなく、人間以外の生き物や事物との遭遇をもたらす。私たちが嫌いだ、劣等だと思い、避けている人たち（つまり「他者」）と、予期しないかたちである空間の中で出会ってしまうことをイメージしてみよう。それは特定の時間の中で起きてしまう。会うこともない、あるいは会いたくもない人、生き物、事物などと、特定の時間に、特定の空間の中に「ともに投げ込まれる」。その空間の中で私たちは彼らに背を向けることも、互いに理解しようと努めることもできる。そしてそうした絶えざる出会いを通して、私たちは常に新しく変えられていくし、社会も変わっていく。これを彼女は「政治」だと言うのである。

たとえこの地球上から地理学者がなくなろうと、人間がいなくなろうと、空間《スペース》を持つ宇宙《スペース》がある限り、空間は重要であり続ける。

マッシー、ドリーン（2014）『空間のために』森正人・伊澤高志訳、月曜社。
森　正人（2021）『文化地理学講義―〈地理〉の誕生からポスト人間中心主義へ―』新曜社。

森　正人

第15章　文化地理学の応用

第２部において、様々なトピックのもとに、パターンを発見し、要因の説明や意味の解釈を実践してきた。ここまできて、皆さんは「応用については議論しないのだろうか」と疑問に思ったのではないだろうか。文化地理学の実践は、発見、説明・解釈だけではなく、応用も含まれているのである。従来の学術研究では、応用にまで踏み込んだものは少なく、応用部門の発展は、皆さんや私たちが今後果敢に開拓していくべき領域となろう。完成された学問はなく、いつでもそこには踏み込んでいかなければならない未知の領域が残されている。

本章では、文化地理学の実践の結びとして、この応用研究の可能性について述べていきたい。今後応用研究が乗り越えていかなければならない障害は何か。その障害を乗り越えていった先に広がる世界はどのようなものなのだろうか。

1.表面的な応用からより深い応用へ

パターンの発見をそのまま応用するのと、説明・解釈で解明された内容から応用するのでは、全く異なる結果が生まれるのである。

「馬鹿」を表す方言の分布（図6.1）から、近畿地方の「アホ」分布をはさんで、「タワケ」「ダラ」「ホンジナシ」と続く比較的明瞭な周圏構造を示し、「バカ」が近畿地方を除く全国に広がっているという特徴が読み取れた。このパターンから、自分の地域が「アホ」地域である、とか「タワケ」地域である、などと、地域名を売り出したり、その呼称に基づく土産を販売したり、といった応用が生まれるかもしれない。

一方で、このような周圏構造に、接触性拡大伝播の近接効果というプロセスが反映していると説明がなされれば、他の伝播プロセスも同時に学んだ上で、新しい商品の販売戦略を口コミなどの近接効果を用いて行うのか、権力構造などを通した階層効果を用いて行うのか、販売員が移動しながら宣伝する移転伝播のプロセスを用いるのか、といった応用が可能である。

このように、パターンの発見から直接応用をしようとすると、対象が限定されてしまうことがあるが、説明・解釈の結果明らかになったプロセスや意味など、より深層的なレベルでの応用を試みると、その対象が拡大することになる。

2.多様な可能性を持つ応用を理解しよう

しかし実際に応用を試みると、応用することはなかなか難しいことがわかるだろう。応用が困難であることには、いくつもの理由がある。

まず挙げられるのは、発見や説明・解釈が客観的な科学的分析に基づくものであったとしても、応用の仕方は唯一絶対ではなく、きわめて多様な可能性をもつことである。

ある地域に靴を履いている人がいないというパターンが発見され、その要因が、経済的なことよりも、靴を必要であるとみなさない地域住民の価値観であることが明らかになったとしよう。この分析結果から、「靴を必要と思っていないのだから、靴を販売するという応用にはなじまない」と判断することも、「靴を必要だという価値観を植えつけることによって、大きな市場がそこに生まれる」と考えることも、いずれも可能である。

この教科書で扱った事例をみてみよう。りんごやみかんの生産地域を発見し、特定の環境条件のもとで、住民が生産を選択したのだと説明できたとしても、「だから、従来どおりりんごやみかんの生産を続けていくべきだ」とするのか、「他の可能性をも探るべきだ」とするのか、客観的に結論づけることはできない。

このような多様な応用の可能性がはらんでしまう客観的結論の困難さを聞くと、あなたは「客観的に方向づけられないのだから無意味だ」と考えるだろうか。そうではないはずだ。「靴を売りたい」とか、「限られた労働力と資本で最も利潤を上げたい」とかいった目的は、研究する以前から明確な場合が多い。そのような価値観と目的をしっかりと自覚した上で、発見した事実やその要因分析、意味解釈の結果を、その目的に従って可能性を追い求めていく姿勢を養っていけばよいのである。

3.自分の立場を自覚しよう

第2の理由として、分析結果の応用が、社会的な立場や価値観によって大きく異なることを挙げよう。

「愛国心の養成が重要である」と考える人と、「ナショナリズムを高揚させる政策に警戒しなければならない」とでは、政治の文化地理研究成果の利用法は全く異なるであろう。国家に対する統一感や一体感を生み出すために、象徴的な人物を像として配置したり、街角にモニュメントを配置したり、博物館や公園を通して歴史や民族に一貫性を持たせようとしたりすることが有効であることが明らかになったとするならば、前者は、それを愛国心の養成に利用しようとするだろうし、後者はナショナリズムを高揚させる戦略であると考えて反対するだろう。分析結果は、対立する人々が奪い合う対象となるのである。

宗教は特に価値が対立する領域である。ある特定の宗教の信仰圏の発見が、さらに布教を進めようとする人にも、信仰圏の拡大に警戒して布教をとどめようとする人にも、重要な基礎資料となる。弘法大師のような人物が住民のアイデンティティ形成に役立つプロセスが解明されると、宗教的人物をアイデンティティの核として地域づくりをしようとする政治家や行政担当者が現われる一方、政治や行政がある特定の宗教にかかわる人物を用いることは政教分離の原則に反すると反発する人もいるだろう。

皆さんは、応用は必然的にそれを行う人の社会的立場や価値観に影響されていることを聞いて、「応用は無意味である」と思うだろうか。本書を通して文化地理学を学んだあとに、そう思う人は少ないのではなかろうか。

というのも、本書では目の前の様々なものごとが、実は当たり前に存在しているのではなく、特定の考えを持つ人びとによって作られたものだということを繰り返し説明してきた。私たちが入り口に立っている「科学」や「学問」だって例外ではない。今まで「客観的」と思い込んで学んできた学問成果そのものが、ある特定の政治的、社会的、思想的立場に基づくものであり、それに気づいてはいなかったのである。

このように考えると、私たちがすべての社会的、政治的立場から逃れようとすることは不可能である。むしろ、自分のとるべき立場をしっかりと選択し、その立場を自覚したうえで、応用の目的を設定し、検討を進めていくことがよいだろう。そして、時代の変化とともに価値基準も変化していくのだから、自分の立場をたえず問い直すことも必要になる。

4.主体的に選択しよう

第3の理由として、分析結果を自分の生き方に応用する「実存的応用」の領域は私的なものであるため、個人の選択によって全く異なることが挙げられるだろう。

主体性を持って自らのとるべき行動を選択し、その結果に責任を持とうとする実存的な生き方に対して、文化地理学的探究はいくつもの選択肢を提示することができるだろう。

それはつまり、次のようなことである。私たちがある物事に対して特定の考えを持っていたとしよう。私たちはある時代の社会に生まれ、そこで生きざるをえないわけだから、その社会で共有されている考えを「当たり前」のこととして受け入れざるをえない。その考えが正しいかどうかの吟味も難しいのである。

しかし、私たちが日常的に用いているものとは別の視点で社会をながめることができたなら、それまで漠然としか考えてこなかった文化・社会的領域に目が開かれたなら、いくつもの新たな選択肢が立ち現われてくるのである。

新たな選択肢が与えられる状況はきわめて多様である。都道府県の嗜好度を地図化する過程で、自分は都市が好きで農村が嫌だというパターンが発見されたとしよう。そして、「なぜだろう」という疑問のもとに意味を解釈すると、田舎から地方中核都市の小学校に転校したときに持った劣等感に思い当たり、自分の中にある「都会＝優」「田舎＝劣」という二分法があることに気づいたとしよう。その結果、そのまま都会にあこがれ続け、東京に就職することを目指すのか、それとも田舎が本当に劣ったものであるという自分の考え方自体に疑問を持ち、田舎を見直そうとするのか、という選択肢が現われてくる。どのような選択をするかは、本人が主体性と責任感を持って決定することであるが、このような地理的作業が、その選択肢に気づく契機になりうるのである。

景観の政治性について学び始めると、それまで無意識に追従していた権威に対する疑問が湧き上がることもあるだろう。都市が美しくなるということを「よいこと」であると考えてきたにもかかわらず、その背後に排除された人々がいることを理解し、現代が都合の悪い人を排除するメカニズムで満ちていることが見えてくるとき、それを理解したうえで、「それはどの時代にでもあることだから」と現状維持を肯定するか、そのメカニズムを保ちながら排除された人々を救済する措置を考えるか、排除のメカニズム自体に異議を唱えるか、といった選択肢が現われてくる。文化地理学を学んだために、悩まなくてもよい悩みを抱えなければならないことだってあるのだ。

ディズニーランドが巡礼としての側面があるという分析結果を見ると、どのような選択肢が生まれるだろうか。「巡礼だからさらにリフレッシュしよう」と積極的にディズニーランドを利用するか、それとも、「同じ巡礼のプロセスは何も入場料を払わなくてもできるはず」だと、山登りやフィットネスなど他の選択肢を考えるかもしれない。

このような実存的応用は私的なものであり、論文で語られることも、学術本で語られることもない。たしかに、そのような多様な選択肢をどのように発見し、自分はどのような理由で、どのように選択したかに関して、学術的な場で議論することはなじまないかもしれない。

しかし、学問に携わり、この実存的応用を見つけ出すことは、個人にとっては重要なことである。そのような議論は、学会というような公の場でよりも、友人間で個人的に行うことがふさわしいのであろうが、たえず自覚することによって、皆さんにとって学問が意義を持つものとなるであろう。

5.学問の3つの立場と結びつけて考えよう

このような応用に関する議論は、何のために学問をするかという、最も根本的な疑問に行き当たるのである。この教科書では、応用として、実証的応用、構造的応用、実存的応用という3つの形を考えてきたが、この3つの形態は、1970年代以来地理学で繰り返されてきた地理学の本質論と対応するのである。

現代地理学の方法論をまとめたジョンストン（1997）は、人文地理学には実証的アプローチ、批判的（構造的）アプローチ、解釈的（実存的）アプローチの3つが存在し、それぞれに独自の価値観が対応しているとまとめている。

最も一般的なものは、実証的なアプローチである。実証的研究は、知識は五感を通して得られるという前提で、個々の事実を一般法則の事例としてとらえて法則化を目指す。そして、その明らかになった法則を応用することによって、環境や社会を操作することを目指しているのである。いろいろな現象を地図化したり、景観情報としてとらえたりし、それをパターン化し、要因を探るという伝統的な地理学の手順は、このようなアプローチに基づくものである。

しかし、それだけが学問的アプローチというわけではない。構造的アプローチは、目に見える現象は見えない構造の現われであるととらえ、目に見える現象の規則性を把握しただけではその現象を生み出すプロセスを把握できないと考えている。したがって、どのような現象を見ても、その背後に働いている経済的、政治的、社会的、文化的プロセスの表れではないかと考え、その裏側に目を向けて分析するのである。政治や経済の背後にある権力関係に絶えず目を向ける研究は、このようなアプローチに基づくものである。

さらに、実存的アプローチは、客観的世界よりも主観の世界が、要因の説明よりも意味の解釈が重要であると考える立場である。自然科学的にみると同じように見える地域、環境、景観であっても、人によって異なった意味を持つ。その実態を解釈することによって、研究者の意味の世界もより豊かになるという視点なのである。

これらのアプローチは、原理的には異なった学問観によるものであるが、日常生活においては、補完的に用いているのである。都市中心部の再開発をしようとするときには、まず、前提としてどこにどのような社会的背景を持った人が住み、現実には犯罪、事故、経済的にどのような問題があるのかを実証的にとらえなければならない。構造的には、そのような問題を生み出す政治的、経済的、社会的プロセスは何かを考える。さらに実存的には、そこに住む貧しい人々にとっての地域観、世界観や、何を幸福と考えるかを解釈する。一つのアプローチだけではなく、様々な思想的基盤に立つ異なったアプローチを組み合わせることによって、一つの見方では気づかない都市中心部の様々な側面が見えてくるのである。

私たちが、このような様々な学問的視点を身につけ、いつも実践できる訓練を重ねることは、よりよい社会を築くうえでも、より豊かな人生を送るためにも、役立つのである。本書を読んで、そのようなアプローチをさらに深く学びたいと願う人は、さらに奥深い専門的研究に進んでいってほしい。地域・環境・景観という視点を意識し、発見・説明・解釈・応用という探究プロセスを日々実践し、実証的・構造的・実存的なアプローチを適用することによって、皆さんの世界がさらに広がり、深まっていくだろう。

6. 限りない探検への道

地理学は未知の世界を探検する学問である。人びとは未知の世界を求めて、危険を承知で海を渡り、砂漠や草原を横切り、密林に入り込み、高い山々を征服していった。その結果、現在では人類が足を踏み入れていない地はほとんど残されていないように思われる。

しかし、文化地理学者たちは探検をやめない。もちろん、現在もなお世界のあらゆる地域に出かけていくが、同時に、身近な地域においても地域・環境・景観という側面に光を当てることによって、今まで気がつかなかった課題が浮かび上がり、その中から課題を発見し、課題を説明し、その意味を解釈し、応用していくのである。あるいは、地理的探求それ自体を内省し、世界の「探求」という営為がいったいどのような社会的立場の人びとによって行われ、どのような支配と結びついていたのかということにも目を向けることになる。この知的探究活動は、未知の領域の探検そのものなのである。

本書を読んだ皆さんは、この探検を実践し、その面白さを自ら体験してもらいたい。そして、文化地理学に興味がわいたならば、その世界にさらに深く入っていってもらいたい。しかし、どの分野に進むにしても、それぞれの領域で、本書で学んだ発見・説明・解釈・応用という知的探検を進めていっていただきたい。探検の入り口に立った今、そこに踏み込んでいくか、ここでとまるかは、皆さんの判断にゆだねられている。もちろん、私たち筆者はみなさんとこの世界を深く探求したいと願っているが。

ジョンストン、R. J.（1997）『現代地理学の潮流（上）―戦後の米・英人文地理学説史―』立岡裕士訳、地人書房。

中川　正

人名索引

あ

安食和宏　82
網島 聖　141
荒山正彦　121
アーリ，ジョン　155
アリエス，フィリップ　178
アンダーソン，ベネディクト　123
伊藤 守　183
井上章一　122
岩鼻通明　96, 97
ウィリアムズ，レイモンド　12, 116
上田雅子　35-37
上野千鶴子　170
ヴェーバー，マックス　24, 26
内田順文　73, 74
内田忠賢　112
大澤武男　134
小口千明　108-111, 154
小野芳朗　132

か

影山穂波 170, 171
加藤政洋　143, 146
川喜田二郎　29
神田孝治　158, 159
菊池利夫　70-72
グールド，ピーター　135, 136
熊原康博　156
クラックホーン，クライド　13
グロータース，W.A.　66
クローバー，アルフレッド　60, 61
クローリー，デヴィッド　128
コスグローヴ，デニス　61, 62
ゴットマン，ジャン　46
小林 茂　83
五来 重　21

さ

サイード，エドワード　151, 152
サウアー，カール　46, 60, 61
サッセン，サスキア　148
シブリウスキー，ロマン　138, 139
ジャクソン，ピーター　172
ショー，A.C.　73
ジョーダン＝ビチコフ，T.G.　77, 93
ジョンストン，R.J.　195
ズーキン，シャロン　151
須崎成二　178
スミス，ニール　149
瀬川真平　124, 125
関戸明子　157

た

多木浩二　123
田中 聡　184
谷川彰英　65
ダニエルズ，ステファン　61, 62
田和正孝　86-88
ダンカン，ジェームズ　60, 61
千葉徳爾　84, 85
坪井洋文　106
出口晶子　105
ドモシュ，モナ　77, 93
トゥアン，イーフー　43

な

中尾佐助　80, 81
中川 正　57, 58, 98
中西雄二　145
成瀬 厚　135
丹羽弘一　169
野中健一　104, 105

は

ハーヴェイ，デヴィッド　139, 163, 164
バージェス，W.E.　58, 59
バージャー，ジョン　116
バーネット，J.　120
バトラー，ジュディス　172
濱田琢司　116
ハラウェイ，ダナ　91
原口 剛　147
原田敏明　106
ハンチントン，E　45, 46
久武哲也　47-49
ビダル・ドゥ・ラ・ブラーシュ，P.　46
フーコー，ミシェル　130, 131, 173, 178
福田アジオ　107
福田珠己　174
藤巻正己　147
ヘイエルストラント，T.　76
ホワイト，ロドニー　135, 136

ま

マクドウェル，リンダ　176, 177
正井泰夫　35-37
松井圭介　94, 101
マッシー，ドリーン　164, 176, 177, 189
松本 修　67, 68
ミッチェル，ドン　13, 62
皆見和彦　47-49
宮崎良美　144, 145
村田陽平　172
森 正人　124, 128, 129, 131, 133, 154, 159, 160, 162, 168, 172, 173, 185, 186, 188

や・ら・わ

矢ヶ崎孝雄　82
八木康幸　111, 113, 115
柳田國男　68
山口恵一郎　69
山口 覚　145
山本徳三郎　48
吉野正敏　66
吉見俊哉　142, 143
レイ，デヴィット 138, 139
ローズ，ジリアン　170
ロストランド，E　46, 47
渡辺欣雄　94

事項索引

あ

愛国心　88, 113, 121, 192
アイデンティティ　26, 28, 97, 123, 192
悪所　143
移住　19-23, 26, 27, 77, 78, 143-145
一般参賀　122, 123
イデオロギー　62, 121, 119
移動性（モビリティ）　186, 187
イメージ　9, 30-32, 65, 73-75, 92, 157-159, 178
ウェストファリア条約　123
岡集落　70-72
オゾン層　44

温室効果ガス　44, 119
温泉　156, 159, 161

か

階級区分図　31, 32, 37
『蝸牛考』　68, 75
価値観　17, 26, 95, 119, 191
合併　65, 118
家父長制　170, 176, 177
釜ヶ崎　143, 146
軽井沢　72-75, 78
環境
　——改変　44, 45
　——可能論／決定論　41, 42, 45, 46
　——認識論　42, 47
　——政策　18
　——地理学　2
観光資源　121, 161
観光地理学　2
監獄　131
関西／関東　33-37
管理　135, 142
記号　11, 75, 78, 79, 100, 121, 138
気象学　2
京都議定書　119
楠木正成　124
グローバライゼーション　163, 164
景観観察　10, 22, 59
景観コンサルタント　18
KJ 法　24, 28, 29, 52
ケチュア語　66
ゲットー　134
権力　61, 130-132, 138, 151
　規律・訓育型——　131
構造化　43
構造的アプローチ　195
構造的応用　18, 195
弘法大師　96, 101, 192
国土　88, 124, 173
国民　122, 123, 126
　——国家　121, 123, 127
国家　88, 100, 118, 120-123, 126, 132, 173, 189, 192
国境　118, 123
国立公園　120, 121, 133, 154

さ

盛り場　142, 143
サンボーン地図　55, 58
散村　20
参与観察　85, 87, 88
ジェンダー　3, 62, 166, 171, 176, 185
ジェントリフィケーション　149
実証的アプローチ　24, 195
実証的応用　18, 195
実存的アプローチ　195
実存的応用　19, 193-195
資本主義　26, 146, 147, 183
資本循環　62
巡礼　194
城下町　120, 139, 140, 141, 143
象徴　11, 66, 75, 121, 138
浄土真宗　20-23, 26, 96
植民地支配　121
信仰圏　96, 97, 192
人種　58, 59, 62, 178
身体　3, 130, 131, 146, 183-187
新田集落　70-72
スケール　5, 30, 132, 172
スラム　146, 147
政治地理学　2
生 - 政治学　131
正統性　128
聖地　100-103
世界観　17, 107, 108
セクシュアリティ　173, 174, 185
セグリゲーション　134
装置　62, 131

た

竹富島　160, 161
他者　151, 177, 178, 189
地域
　機能／等質／認知——　38
地球温暖化　44, 119
地図　30-33, 55, 60, 62
　——化　8, 34
地表面　2, 3, 5, 7, 11, 30, 38, 44
地名　64-66, 69, 72, 75, 78, 140, 158
中心業務地区（CBD）　56, 58, 134
超有機体説　13, 60, 61
地理教育　2
地理情報システム（GIS）　2
通過儀礼　96
創られた伝統　115
ディズニーランド　148-151, 194
テクスト　61
デジタル　91, 180, 181, 185-187
天皇　88, 103, 122-124
伝播　68, 81, 109, 191
　文化——　76, 77
同心円理論　56, 58, 59
等値線　31
　——図　31, 37
都市地理学　2

な

ナショナリズム　121, 192
納屋集落　70-72
「納屋」地名　69, 70
なわばり　138
二宮金次郎像　121, 122

は

排除　146, 149-151, 194
バイブルベルト　92
はげ山　47, 84, 85
「浜」地名　69
ヒートアイランド　135
避暑地　72-75, 78
非日常　9, 159
日和山　66
ヒロシマ　107-109
フィールドノート　24, 50-52, 59
フィールドワーク　85
風景画　62
風水　94, 95
フェミニスト／フェミニズム　91, 171, 177
フォークロリズム　112, 113
文化　9, 12, 13
　根栽農耕——　81
　サバンナ農耕——　81
　——景観　9
　——唯物論　47
方言周圏論　68-69
墓地　60, 94, 97-100, 107, 124, 140, 142, 143

ま

マイノリティ　134
道切り　109-111
民族地理学　2
民族紛争　92
虫送り　109-111
メディア　2, 32, 74, 135, 146, 162
モニュメント　54, 121

や・ら

よさこい　112, 113
予定説　26
落書き　138, 139
立地係数　33
両義的（アノマリー）　111
両墓制　107
歴史地理学　70, 72
連鎖移住　144

おわりに

本書は、世の中の文化・社会現象の中から、文化地理学的な考え方を用いて問題を浮かび上がらせ、自らの力で分析し、解決していく能力を身につけるための、実践的な社会科学入門書である。

従来、大学で用いる入門的教科書には、専門研究をするために必要な基礎知識を教えることを目的とするものが多かった。しかし、実際に専門家になる人は一握りに過ぎず、ほとんどの学生にとって、その入門書が生涯を通じてその分野に触れる唯一の機会になっているのである。学生は、その学問のために自分に何ができるのかよりも、その学問がどのように自分の発想を豊かにし、思考を深め、実践的に役立てることができるのかに関心を持っている。それならば、学問の発展のために学生を育てるのではなく、学生を育てるために学問を役立ててもらうという発想も必要なのではないだろうか。本書はそのような問題意識から作成されたものである。

現在、大学教育の役割の見直しが進んでいる。様々な専門知識を教えることは、大学が果たす重要な役割の一つである。しかし、日々知識の蓄積が進み、しばしばパラダイム転換が起こるごとに知識の意味づけ自体が変わってしまう現代に、大学で学んだ知識をそのまま一生役立てることは難しい。それならば、大学における学問的訓練の重点を、知識獲得そのものよりも、自らの目的に応じて必要な知識を獲得し、創造的かつ批判的にその知識を活用する能力養成に移すことを目的とする本書は、この時代の産物であるといえよう。

いかにすぐれた学問的発見であっても、自分との関係が分からないと、そのおもしろさは実感できないものである。しかし、自分が発見したことならば、どんなに些細なことであっても、知的興奮をおぼえる。その自分の発見を大切にし、そこから思考を深めていくことができることを体験できれば、学問をツールとして主体的に用いて問題解決をする喜びを味わうことができるだろう。発見と思考の過程を自ら楽しむことができるならば、古今の学者たちが繰り返してきた発見と思考のおもしろさも、自分の体験と関係づけながら理解できるようになる。学問の奥深い世界が、目の前に広がってくるのである。

本書はそのような学問の実践を導くためのガイドラインである。第1部では、世の中の複雑な現象から、地域、環境、景観という視点を用いて問題を浮かび上がらせ、そこから課題を発見し、要因を説明し、意味を解釈し、応用する、という思考の過程を紹介した。第2部では、言語、宗教、民俗、政治、都市、自然、観光、性といったトピックを用い、既存の研究を主な題材として用いながら、第1部で紹介した思考過程の実践を試みた。また、最終章では、思考の過程を応用するための手引きを示した。各章末には、学問的思考の実践を読者が習慣化する一助として「考えてみよう」「調べてみよう」を、また、学問的概念をさらに詳しく説明したり、関連するトピックを紹介したりするためのコラムを設けた。

本書の初版は、中川、森、神田孝治の数年にわたる議論をもとに作成された。神田氏は初版で、観光およびジェンダーの執筆を担当した。今回の改訂版のベースになった神田氏の貢献に感謝を申し上げたい。また、作成に当たって、ナカニシヤ出版編集部の吉田千恵氏には、企画段階から出版、改訂版の実現にいたるまでいろいろとお世話になったことにも感謝を申し上げる。

2021年9月

■ 著者略歴

森 正人（もり・まさと）

1975年香川県生まれ。

2003年関西学院大学大学院博士課程後期文学研究科修了。博士（地理学）。

現在、三重大学人文学部教授。専攻は文化地理学。

著書：『誰が場所をつくるのか―ポストヒューマニズム的試論―』（新曜社、2024年刊行予定）、『古地図で楽しむ瀬戸内・香川』（風媒社、2023年）、『文化地理学講義―〈地理〉の誕生からポスト人間中心主義へ―』（新曜社、2021年）など多数。

中川 正（なかがわ・ただし）

1957年富山県生まれ。

1987年ルイジアナ州立大学博士課程地理学人類学研究科修了。Ph.D.（地理学博士）。

現在、三重大学名誉教授。専攻は文化地理学、アメリカ地誌。

著書：『ルイジアナの墓地―死の景観地理学―』（古今書院、1997年）、『文化の法則を探ろう』（三重大学出版会、2000年）

文化地理学ガイダンス［改訂版］
―あたりまえを読み解く三段活用―

2006年12月15日　初版第1刷発行
2022年1月10日　改訂版第1刷発行
2024年5月15日　改訂版第2刷発行

（定価はカバーに表示してあります）

著　者　森　正人
　　　　中川　正
発行者　中西　良
発行所　株式会社ナカニシヤ出版
〒606-8161　京都市左京区一乗寺木ノ本町15番地
Telephone　075-723-0111
Facsimile　075-723-0095
Website　https://www.nakanishiya.co.jp/

装幀＝白沢 正／印刷・製本＝モリモト印刷

ISBN978-4-7795-1614-6